G R A V I T A R E

THE STORY
OF ISRAEL

From the Birth of a Nation to the Present Day

Martin Gilbert

以色列简史

1897—2011

[英]马丁·吉尔伯特 —————— 著

扈喜林 —————— 译

SPM
南方传媒 | 广东人民出版社

·广州·

图书在版编目（CIP）数据

以色列简史 /（英）马丁·吉尔伯特著；扈喜林译. —广州：广东人民出版社，2022.8（2023.9重印）

（万有引力书系）

书名原文：The Story of Israel：From Theodor Herzl to the Dream for Peace

ISBN 978-7-218-15860-0

Ⅰ. ①以… Ⅱ. ①马… ②扈… Ⅲ. ①以色列—历史 Ⅳ. ①K382

中国版本图书馆CIP数据核字（2022）第108925号

YISELIE JIANSHI

以色列简史

【英】马丁·吉尔伯特　著　　　扈喜林　译

版权所有　翻印必究

出 版 人：肖风华

丛书策划：施　勇　钱　丰
责任编辑：陈　晔
特约编辑：皮亚军
营销编辑：龚文豪
责任技编：吴彦斌　周星奎

出版发行：广东人民出版社
地　　址：广东省广州市越秀区大沙头四马路10号（邮政编码：510199）
电　　话：（020）85716809（总编室）
传　　真：（020）83289585
网　　址：http://www.gdpph.com.
印　　刷：恒美印务（广州）有限公司
开　　本：787毫米×1092毫米　1/16
印　　张：14.75　　字　　数：144千
版　　次：2022年8月第1版
印　　次：2023年9月第3次印刷
定　　价：98.00元

著作权合同登记号：图字19-2019-078号
审 图 号：GS（2022）2012号

如发现印装质量问题，影响阅读，请与出版社（020-85716849）联系调换。
售书热线：（020）85716833

推荐序

陈双庆

　　以色列是一个面积只有两万多平方千米、人口不足一千万、资源贫乏、环境恶劣的小国。然而，经过七十多年的建设，它已成为一个军事力量超强、科技创新全球名列前茅，且具有相当国际影响力的"超级小国"。以色列的这种"特质"，使之成为中国人心目中"谜一样的国家"。人们不禁会问，世界上有那么多小国，为什么以色列能够脱颖而出？这背后有着怎样的故事？近年来，随着中以两国关系的迅猛发展，越来越多的中国人产生了要深入了解这个神奇国度的强烈愿望。

　　然而，出于种种历史和政治原因，中国国内对以色列和犹太人的研究起步较晚，研究的广度和深度也相对不足。同时，因基督教历史文化与犹太文明的一脉相承，西方国家对犹太人和以色列的历史研究由来已久，根基深厚。因此，来自国外专家学者的译著便成为中国读者了解以色列和犹太民族历史文化的重要渠道。

　　《以色列简史》一书，以犹太民族复兴之路上的划时代事件——以色列国建立为主线，勾勒出这个犹太国家从战火中诞生、在战火中发展的艰辛历程。本书从犹太复国主义运动谈起，讲述了流散在欧洲的犹太人屡遭反犹主义的排挤、迫害，终于认识到建立自己民族国家的必要性和迫切性，并走上复国之路。然而，这一道路充满坎坷。由于巴勒斯坦当地民族矛盾不断激化，最终导致旷日持久的阿以战争，酿成无数伤亡的惨剧。但在犹太复国主义运动的带领下，犹太人凭借为建立、建设自己的祖国不懈奋斗的坚定信念和坚强意志，不怕流血牺牲，克服难以想象的艰难困苦，在战火和冲突中将以色列建设成为一个地区强国。以色列人这种坚韧不拔、百折不挠的精神，被誉为"沙漠中的仙人掌"。

该书不失为一部独具特色的以色列历史著作。其最大的亮点，就是提供了大量的原始文件，包括早期的希伯来文电报、信件、日记，以及尘封已久的老照片、图片、地图等，数据翔实、图文并茂，给读者以"身临其境"之真实感。该书语言平实，通俗易懂。书中对历史上的重要人物和事件娓娓道来，讲述清晰、生动，引人入胜。

需要指出的是，出于作者自身的背景和经历，书中某些论述难免有偏颇之处，主要有以下几点值得注意。一是对以阿冲突的重要根源，即大国所起的负面作用交代不够。如未能剖析英国出尔反尔，对阿犹民族矛盾激化推波助澜的深层次原因；二是对以巴冲突的论述，多强调巴方对以方的暴力袭击，突出受到的伤害，却没有提示冲突背景，并未阐述以色列对加沙和约旦河西岸的封锁，加重巴勒斯坦人经济困境，使巴民众普遍陷入绝望，从而为极端恐怖势力提供滋生土壤等；三是在难民问题上，更多描述从阿拉伯国家"逃难"到以色列的犹太人如何"重获新生"，而不提由于以色列的占领，导致数以百万计巴勒斯坦难民流离失所的事实，且把责任推到阿拉伯国家。

总而言之，该书是一部通俗、生动、鲜活的以色列历史译著，对那些平时时间不多，又有了解以色列和犹太民族历史愿望的读者"开卷有益"。

（作者系中国现代国际关系研究院研究员、中东问题专家）

献　词

首先，本书献给已故的以色列第 9 任总统西蒙·佩雷斯（Shimon Peres）和施莎娜·珀兹南斯基（Shoshana Poznansky）。佩雷斯坚韧不拔，高瞻远瞩，为国效力 70 余年。2007 年，在以色列迎来 60 周年国庆日之际，珀兹南斯基成为一位以色列公民，并成为本书中故事的一员。她将继续为以色列的持续发展和福祉作贡献。

本书还献给阿维（Avi）、埃菲（Effie）和吉尔·伊斯雷尔（Gil Israel）。

目录 | CONTENTS

引言

　　大约 120 年前，极具远见的维也纳犹太记者西奥多·赫茨尔（Theodor Herzl）在巴塞尔犹太人会议（Basle of Jews）上开启了现代犹太复国运动。与会者呼吁在祖先生活的土地上建立一个犹太国家。这个地方就是今天的巴勒斯坦，当时在土耳其人的统治之下。

　　五十年之后，以色列国成立。在巴塞尔会议和以色列建国之间的五个十年，同以色列建国后的七十年一样风云激荡，令人瞩目。简言之，这两个时期见证了一个充满活力的民主国家的崛起。

　　以色列往往被视为一个诞生于战火、成长于战火中的国家。然而，它的起源和发展却充满希望和建设成就。它的缔造者是一批极具远见卓识的智者。这里，最初的拓荒者是一些辛勤劳作的人，他们整饬沼泽，开垦土地。

　　事情并非一帆风顺。虽然这些犹太复国者希望与当地众多的阿拉伯

◀ 1947 年 12 月 4 日，一群年轻的犹太人兴高采烈地驱车行驶在特拉维夫街头，庆祝 1947 年 11 月 29 日联合国通过支持犹太人建国的巴以分治决议

以色列

提尔
利塔尼
赫尔蒙山
叙利亚
科雅特特谢蒙纳
利塔尼
黎巴嫩
卡法布拉姆
戈兰高地
纳哈里亚
哈尼塔
马阿洛特
萨法德
阿口(阿卡)
阿拉伯区
加利利
金诺萨尔
基尼烈湖
(加利利海)
艾因盖夫
科雅特亚姆
海法
沙哈马基姆
卡法海提姆
太巴列
代加尼亚
泰勒卡兹
拉马特哈斯
纳哈拉尔
拿撒勒
卡法吉迪亚
艾因哈罗德
哈代拉
米什马哈克
米吉多
阿富勒
凯撒里亚
图勒凯姆
杰宁
斯多特亚姆
哈代拉
姆–卡迪夫
撒马利亚
蒂拉特茨韦
卡法维特金
巴
勒
霍米拉
扎卡河
纳布卢斯
赖阿南纳
卡法萨巴
禹岸
阿里埃勒
海尔兹利亚
贝内贝拉克
贝内贝拉克
佩塔提克瓦
特拉维夫
吉瓦塔伊姆
雅法
本舍门
拉姆安拉
杰里科
雷霍沃特
拉霍沃特
莱特龙
代尔亚辛
耶路撒冷
耶马特拉
阿什杜德
盖代拉
里雄锡安
伯利恒
马索特伊茨哈克
勒瓦迪姆
卡法伊茨恩
阿什凯龙
艾茨雷姆
犹太山
雅得莫细凯
科雅特特盖特
犹
加沙
斯德洛特
太
希伯仑
加沙地带
卡法达洛姆
斯
马萨达
汗尤尼斯
拉法赫
阿
贝尔谢巴
阿拉德
阿拉伯区
坦
迪莫纳
耶罗哈姆
约旦
斯代博克
艾因哈泽瓦
尼特萨纳
内盖夫沙漠
列
埃及
阿拉瓦裂谷
西奈沙漠
埃拉特(乌姆–拉什–拉什)
阿卡巴

地中海

以

色
列
区

审图号:GS(2022)2012号

Artwork © Carlton Books Ltd 2008

本书地图系原文插附地图

人和睦相处，然而这些阿拉伯人在思想极端的首领的煽动下，制造了越来越多的暴力事件，反对犹太人的复国事业。流血事件阻碍了犹太人的开拓、国家缔造和创造。

以色列复国路上的每一年，以及以色列努力生存的每一年，都经历了可能断送这一事业的挫折。诗人拜伦的话一针见血："千年之久鲜能建立一个国家，片刻之间却可以让它灰飞烟灭。"以色列人和他们的先人一如既往，绝不让自己被消灭。为此，他们付出了巨大的牺牲，同时取得了非凡的成就。

以色列建国之后，世界各地的犹太人可以根据自己的需要或选择，回到属于自己的国家。以色列独立后，第一批移居以色列的是来自阿拉伯各国的五十多万的犹太人。这是一个规模浩大的事件。

五次战争考验了以色列的生存能力。随着苏联解体，逾一百万犹太人从苏联移居以色列。在战争和恐怖中，以色列通过秘密和公开谈判两种途径，谋得了和平的环境。虽然阿以经常爆发冲突，但以色列的这种和平努力一直持续到今天。尽管困难重重，以色列仍然是一个活力四射的犹太人的国家和犹太人的家园。

马丁·吉尔伯特

► 1949 年 5 月 8 日，以色列独立 1 周年纪念日到来之际特拉维夫的一条街道。虽然有关方面安排了一场庆祝游行，但是看热闹的人太多，无法疏导出游行通道。按计划，游行队伍将从这条街道通过

1897
赫茨尔和犹太家园

　　犹太人西奥多·赫茨尔出生于匈牙利，曾在维也纳当记者。1894年，法国军方起诉犹太裔军官阿尔弗雷德·德雷福斯（Alfred Dreyfus）上尉，说他是德国间谍。

　　后来，德雷福斯被判有罪。这件事在世界犹太人群体中引起了轩然大波。很显然，促使这一审判的是广泛存在的反犹思想：对犹太人的嫌恶。这种嫌恶可能引爆仇恨和不公正，比如它在这件事中引起的后果。

　　赫茨尔被维也纳报社派到巴黎后，报道了对德雷福斯的审判。人们强烈的反犹情绪让他大为震惊。他认识到，犹太人无法指望他们所生活的国家对他们表现出任何善意。

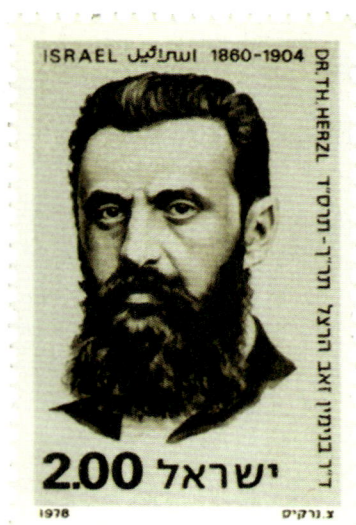

◄ 以色列邮票，发行于1978年，用以纪念以色列独立30周年

▲ 崩得（Bund）组织的一次大型集会。1898年，崩得在立陶宛维尔纳（Vilna）成立，在犹太人中间从事社会主义工人运动。该组织反对所有民族运动，包括犹太复国运动。崩得呼吁各国工人阶层联合起来

回到维也纳后，赫茨尔提出了针对罪恶反犹行为的解决方案。这就是犹太复国运动。他认为，应该建立一个专属于犹太人的，由犹太人来治理的国家，地点在古代犹太人的家园所在地，即巴勒斯坦。当时，巴勒斯坦属于奥斯曼土耳其帝国，帝国的统治者是土耳其的苏丹。

赫茨尔四处活动，寻求支持。1897年，他在瑞士巴塞尔召集了一次会议。参会者来自世界各地的犹太人聚居区。俄国人最多，还有人来自加拿大、美国、英国和西欧其他地区。

第一届犹太复国大会（First Zionist Congress）——针对散居世界各地的犹太人和他们当时所生活的国家——发表了一份文件，即《巴塞尔计划》（Basle Programme）。该计划表现出来的决心和信心让人们大感意外。该计划的第一句话就是："犹太复国运动的宗旨是为犹太人在巴勒

◀▼军事法庭上的德雷福斯上尉。因叛国罪被判入狱的德雷福斯是法国犹太人。在后来的重审中被判无罪。埃米尔·左拉（Émile Zola）发表文章《我控诉……！》（*I Accuse…！*）为德雷福斯发声

土耳其苏丹和德国皇帝

第一届犹太复国大会结束后，赫茨尔积极活动，推动世界各国承认巴勒斯坦是犹太人的家乡。他前往君士坦丁堡，见到了土耳其的苏丹，但没有说服对方允许犹太人在奥斯曼土耳其境内获得一块永久息之地。他还前往巴勒斯坦，拜见了德国皇帝威廉二世。他们谈论怎样解决贫瘠地区水源问题。威廉二世对如何在巴勒斯坦增加影响力，建设教堂和医院更感兴趣。

斯坦建立一个被广泛承认的，合法的家园。"

因此，这需要犹太人回到《圣经》中的"以色列地"，这一回归在过去的 2000 年来一直是犹太人精神和情感的寄托。现在，这一回归有了一个现实的形式：犹太复国运动，即回到犹太人的故乡（Zion）。这是一个政治目标。犹太人的领导者们决心通过国际外交和民族斗争实现这一目标。与会者们宣布他们是一个共同的民族，这是一个知晓故国在何处，决心在那里缔造国家的民族。

西奥多·赫茨尔（1860—1904）

第一届犹太复国大会落幕之后，赫茨尔在日记上写道："在巴塞尔，我终于建立了犹太国家。如果我把这句话说出来，所有人都会嘲笑我。也许 5 年后，但肯定在 50 年后，大家就会相信这句话。"赫茨尔写下这些话的 50 年后，一个犹太人国家终于建立起来了。

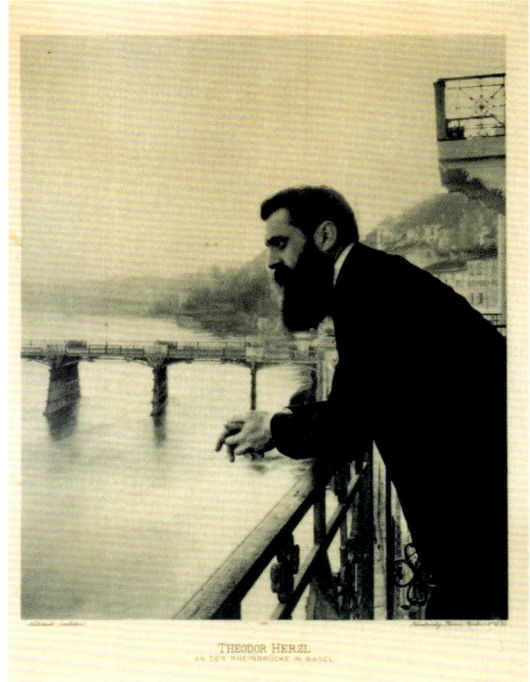

第一届犹太复国大会制定并立即开始落实四项具体工作。第一项工作是鼓励犹太农民、工人和技术人员"系统地移居"当时土耳其统治的巴勒斯坦。第二项工作是推动建立有助于实现复国运动目标的团体，"组织和团结"世界各地的犹太人。这个任务不应采取迂回或秘密方式进行，而应该按照犹太人所在国的法律公开进行。

第三项目标是强化"犹太意识和民族自豪感"。当时，生活在世界各地的犹太人满足于在当地扮演创造性、建设性的角色，满足于争取全面、有效地参与当地社会生活的权利，满足于做任何一个愿意收留他们的国家的爱国者。还有一些人向往国际社会主义和国际联合事业，甚至向往世界革命理念。他们对复国思想不屑一顾，认为复国思想是无国界无阶级社会里的一种消极冲动。

第四项工作是利用各种政治途径"谋求世界各国对犹太复国目标的支持"。后来，经过 50 年的努力，他们终于实现了这一目标。

▲赫茨尔去世 43 年后以色列国成立一年前的一张犹太复国宣传画（左）

▲赫茨尔站在旅馆阳台上，俯视莱茵河。这是他最喜欢的照片之一。他将它签名后送给朋友作为到访巴塞尔的纪念（右）

▶西奥多·赫茨尔和母亲在他维也纳的书房里。在这个书房里，他完成了《犹太国》（The Jewish State）一书的写作。在书中，他热情呼吁建立一个犹太人的家园。"犹太人的家园"成为犹太复国运动的口号。在这里，他还完成了《新故土》（Old New Land），为巴勒斯坦的现代犹太社会绘制了蓝图。当时的巴勒斯坦还处于奥斯曼土耳其的统治之下

**西奥多·赫茨尔
日记节选**

赫茨尔的日记记录了犹太复国运动的发展。这是 1897 年 9 月 3 日，即第一届犹太复国大会结束三天后日记主要部分的摘录。那次会议为期三天，于 1897 年 8 月 29—31 日在巴塞尔举行。（译文参见本书第 210—212 页）

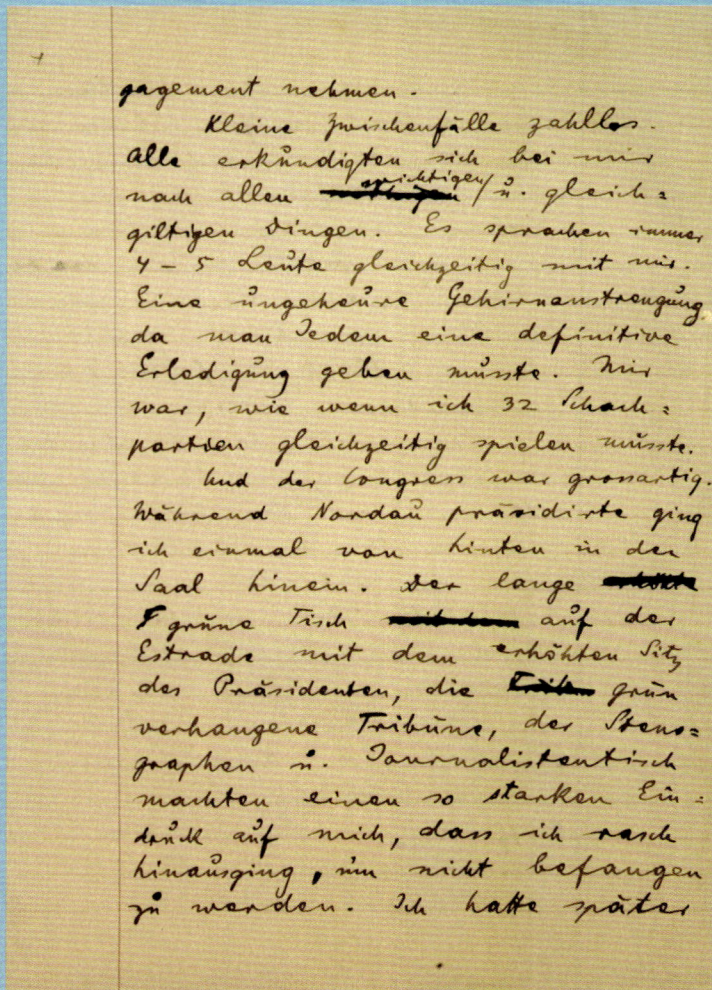

翻译：

小插曲不计其数。

人们都问我事情，不管是重要的，还是不重要的。经常是四五个人同时和我说话。这让我压力很大，因为我不得不对他们提出的问题给出一个个确定的解决办法。我就像是同时和 32 个人下棋。

复国大会开得非常成功。诺德（Nordau）主持会议的时候，我从后面进入大厅。讲台上长长的绿色讲桌、加高的主席座椅、铺着绿色地毯的主席台、坐在记者席上的速记员等让我心头涌上一种强烈的情感，我急忙走了出去，好让自己不要当场失态。后来，我向大家解释

in mir die Erklärung, warum
ich so gelassen war, während
alle Anderen aufgeregt n.
betäubt waren.

Ich wußte nicht, wie grossartig
der Congress in diesem ernsten
Concertsaal mit den schmucklosen
grauen Wänden aussah. Ich hatte
Keine Vorbilder davon, sonst
wäre wol auch ich ergriffen
gewesen.

Und die beste Erinnerung
aus diesen Congresstagen sind
mir ein paar Plauderviertel-
stündchen Nachts auf dem Balcon
des Hôtel trois rois, mit dem
alten feinen Banquier Gustav G.
Cohen, dem ich nach dem kleinen
französischen Wein den er bei
Tische trank, „Beaujolais fleuri"
zubenannt hatte.

为什么其他人都兴奋得异常，而我却那么平静。

事先，我不知道，在这四壁都是朴素灰色的庄严的音乐厅里，这次大会到底有多成功。之前，我没有想过这个问题，否则，我早就会受影响。

开会那几天里给我留下最美好回忆的是，我好几次与年长的银行家古斯塔夫·G. 科恩（Gustav G. Cohen）在三星旅店（Hotel Trois Rois）阳台上长达一刻钟的交谈。他在餐桌上喝了几杯法国博若莱（Beaujolais）地区的红酒之后，我给他起了一个绰号——"博若莱弗洛里"（Beaujolais Fleurie）。

《巴塞尔计划》

犹太复国运动将努力在巴勒斯坦为犹太民族建立一个国际社会所承认，合法、安全的家园。

1. 积极推动犹太裔农民、技工、熟练工人移居巴勒斯坦。
2. 根据各国法律，通过适当的当地团体和跨地区协会组织和召集所有犹太人。
3. 提升犹太人的民族情感和民族意识。
4. 为了实现犹太复国目标，做一些预备性工作，以获得各国政府的认可。

Zionisten-Congress in Basel.
29. 30. und 31. August 1897.

Mitglieds-Karte
für
Herrn L. Mozkin

In der feierlichen Eröffnungssitzung ist das schwarze Fest-
kleid und weisse Halsbinde vorgeschrieben.

邀请利奥·莫茨金 * 参加第一届犹太复国大会的邀请函：

巴塞尔犹太复国会议
1897 年 8 月 29、30、31 日
L. 莫茨金先生的入场券
出席第一届大会开幕式需着晚礼服，白领带

　　* 利奥·莫茨金（Leo Motzkin），1867 年出生于基辅，曾就读柏林大学。在柏林大学读书期间，他建立了第一个犹太学生复国协会。

1900—1914
移居

　　1897年第一届犹太复国大会时期，巴勒斯坦大约有2万犹太人，其中大多数是农民。一些犹太人，尤其是耶路撒冷和北部城市萨费德（Safed）的犹太人，属于犹太教正统派信徒。

　　在之前的30年里，大多数农民已经来到了这里，主要是为了躲避俄国的迫害。他们在一个自称"圣山热爱者"（Lovers of Zion）的犹太复国运动先驱组织的推动下，来到耶路撒冷。

　　犹太复国大会每年召开一次，持续推进在巴勒斯坦建立犹太国家的工作。1901年，第一届犹太复国大会结束后的第四年，有人成立了一个名叫"犹太建国基金会"（Jewish National Fund）的组织，其任务

▼第一次世界大战期间巴勒斯坦的土耳其统治者。1914年之前，很多犹太人在驻耶路撒冷的外国领事（其中包括英国领事）庇护下生活。一战开始后，这种庇护就不存在了

梅图拉

胡勒沼泽

地 中 海

阿耶里特·哈沙哈　　耶索哈马拉
艾因泽蒂姆　　　密什玛尔哈亚登
萨费德　　　　　马哈尼姆
　　　　　　　　罗什平纳

阿卡

米格达尔

加利利海

拜特甘　　卡法希提姆　　　　布内叶胡达
海法　　　米兹帕
　　　　　赛厄拉　太巴列
拿撒勒　　　　波里亚　基尼烈
阿斯利特　沙勒纳　代加尼亚
　　　　卡法特沃　贝坦亚
坦塔拉　　亚夫内埃勒
谢菲亚　　　　　　梅纳海米亚
　　巴特谢洛莫
　　济赫龙雅各布
　　　卡库尔
　　吉瓦特阿达　　贝散
赫弗兹巴　甘什穆埃尔　杰宁
哈代拉　　纳赫里尔

图勒凯尔姆

纳布卢斯

卡法迈哈
佩塔提克瓦　卡法萨巴
米克维以色列　艾因海
特拉维夫　艾因甘宁
雅法　　马哈尼耶胡达
纳哈乐耶胡达　贝埃尔雅各布
里雄莱锡安　本舍门
内斯锡安纳　拉姆拉　拉姆安拉
雷霍沃特　　　　杰里科
埃克龙　　莫扎
盖代拉　胡尔达
　　卡法尤里亚　耶路撒冷
　　哈尔图夫
贝埃尔-多维亚
（卡斯塔尼亚）

希伯仑

加沙　鲁哈马

约旦河

死 海

贝尔谢巴

0　　　15 英里

0　　　20 千米

Map © Martin Gilbert 2008　Artwork © Carlton Books Ltd 2008

本书地图系原文插附地图

● 1914 年犹太居民很少的阿拉伯城市　　● 1880—1914 年建立的犹太人定居点

● 犹太人和阿拉伯人都很多的城市

1914 年之前，犹太人不断涌入巴勒斯坦，导致这个国家农业群体的扩大，以及城镇贸易和商业的繁荣。农民不得不与疟疾、恶劣的气候做斗争

特拉维夫的建立

犹太人和阿拉伯人一起生活在巴勒斯坦的城镇里。自从 19 世纪早期以来，只有耶路撒冷的犹太人在当地人口中占据了大多数。犹太复国运动想要建立一个全部是犹太人的城市。他们将地址选在地中海岸边的一片沙丘上，紧靠人口稠密的犹太人和阿拉伯人混居的港口城市雅法。他们将这个新的城市命名为"特拉维夫"（意为"春天的小山"）。

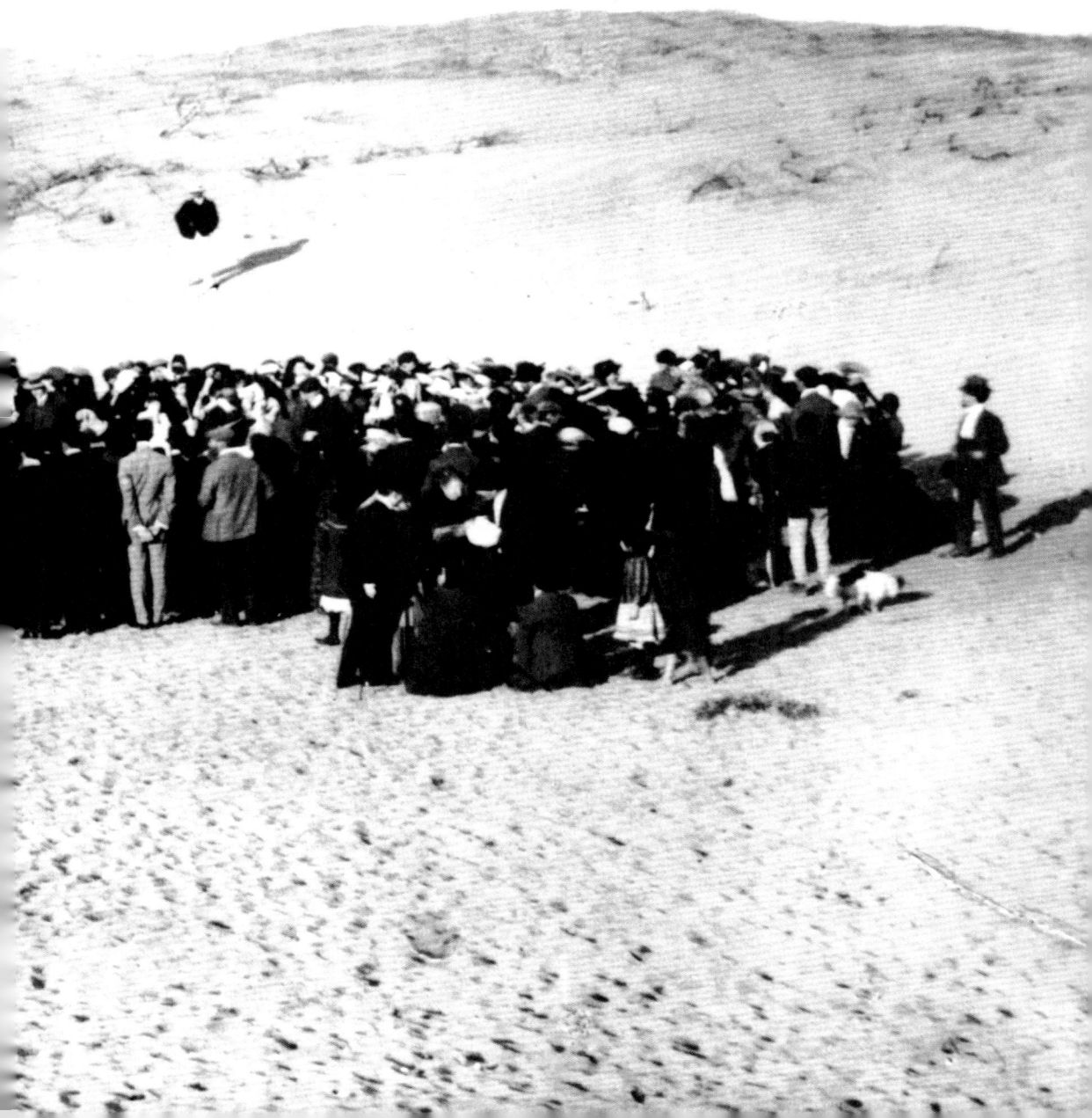

是购买日后供犹太人在巴勒斯坦生活和工作的土地。这一基金会的资金来自世界各地有志于实现犹太复国理想的人们。

一开始，筹集到的资金数额很小，工作进展缓慢。直到该基金会成立三年后，才筹够购买第一块土地的资金。他们买下的那个地方是加利利的卡法海提姆（Kfar Hittim，意为"粮食村"）。第一批移居那里的犹太复国先驱者来自波兰工业城市罗兹（Lodz）。除了在新购买的现成的田地上耕种，他们往往还要开垦贫瘠或遍布沼泽的土地，要面对危险疟疾的侵袭和当地贝都因人的敌意。后者仇视所有闯入者。

为了保护自己免受攻击，这些移民组建了保护自己的组织。他们还追求最高的行动准则。出生于俄国的 A.D. 戈登（A.D.Gordon）是这些先驱者中的一位精神向导。

年届半百时，戈登放弃了俄国稳定的职员工作。他在追随者中拥有巨大的声望。他说，农业劳动是个人、国家甚至全世界救赎的"最高准则"。

关于新来的犹太人对当地阿拉伯人的态度，A.D. 戈登掷地有声："我们对他们必须心怀关爱，始终保持最高水准的道德勇气，即使对方并没有那么可爱，也要如此。实际上，正是因为他们的敌意，我们才更要心怀关爱。"

在 20 世纪的第一个 10 年里，巴勒斯坦犹太人的生活发生了巨大变

化。对于国家概念的未来凝聚力，对于来自很多国家的人们携手奋斗的现实能力，最为重要的是，希伯来语这种迄今犹太人唯一的祈祷语言成为了大家的日常生活语言。这让那些先前讲依地语（当时大多数东欧各国人讲的语言）、俄语、波兰语、英语、法语以及其他各种语言移民可以很好地在一起交流、合作和相处。

1906年，第一所用希伯来语授课的中学在港口城市雅法诞生。同一年，耶路撒冷建立了一个讲希伯来语的工艺中心——贝扎莱尔学校（Bezalel School）。同时，来自俄国的犹太人埃利泽·本－耶胡达（Eliezer Ben-Yehuda）每天伏案18个钟头，编写出第一部现代希伯来语词典。他根据火车、电话，甚至连轿车已经成为日常生活一部分的现代社会的现实情况，对《圣经》中的希伯来词语做了一些改动。1910年，该词典的前6卷出版。

基布兹：代加尼亚

为了推动实现重归故土目标——犹太复国运动的宗旨之一——第一个被称为"基布兹"的集体农场，于1909年在位于加利利海南部的代加尼亚建立。那片土地很难耕种，但是先驱者们努力将它建成一个富庶之地。

1917
《贝尔福宣言》

1914 年第一次世界大战爆发后，英国派军队从三条战线上进攻奥斯曼土耳其：美索不达米亚（今伊拉克）、加里波利、西奈沙漠。

▼阿瑟·贝尔福（后来受勋成为贝尔福伯爵）。这篇具有历史意义的《贝尔福宣言》为犹太人在巴勒斯坦建立国家提供了可能性。贝尔福作为外交大臣发表该宣言之前，曾担任英国首相

巴勒斯坦的犹太人希望土耳其战败，这样他们就可以推进实现建立犹太国的目标。奥斯曼土耳其当局对他们满腹怀疑，驱逐了很多犹太人，迫使他们穿过西奈沙漠进入英国占领的埃及。巴勒斯坦的其他犹太人被送到叙利亚的沙漠地带修建铁路。

那些从巴勒斯坦到达埃及的犹太人迫切地和英军并肩作战。他们希望将土耳其人赶出巴勒斯坦后可以回归故土，并逐步建立一个独立的犹太国家。两个俄国出生的巴勒斯坦犹太人，努力游说英国组建一支全部由犹太人组成的军队。其中一人是约瑟夫·特鲁姆佩尔道（Joseph Trumpeldor）。10 年前，他参加俄军在远东对日作战时失去了一条手臂。

另一个人是弗拉基米尔·亚博京斯基（Vladimir Jabotinsky）。当时他身在埃及，为莫斯科的一家报社做战地通讯员。

犹太士兵参加的第一场战

斗是加里波利半岛（Gallipoli Peninsula）战役。在英国和犹太军官的指挥下，一个由犹太复国主义者组成的经过专门训练的骡马运输队（Zion Mule Corps）冒着土耳其军队持续的炮火，完成了为战壕中的协约国军队运输物资的危险任务。

在土耳其战线的后方，一些来自巴勒斯坦被称为"Nili 组织"〔Nili Groups，Nili 是《撒母耳记》中希伯来语"Netzah Yisrael to Yeshak-ker"（以色列的大能者，必不至说谎）的缩写〕的犹太人积极为英军提供有关土耳其军队位置、军事实力、从西奈沙漠到巴勒斯坦推进过程中最可能的前进路线等极有价值的情报。

出生于罗马尼亚的萨拉·亚伦森（Sarah Aaronsohn）就是该组织的一个情报

▲ 第二代罗斯柴尔德男爵，同时也是一个知名的英国犹太人和世界顶尖的动物学家。当年，英国政府在信函中向他承诺，允许犹太人在巴勒斯坦建立一个犹太国家。有人看到罗斯柴尔德勋爵在庄园里打猎，摄下了这张照片

◀ 一战开战前，在自家花园里的一家以色列人。左二是萨拉·亚伦森。她是一名"Nili 组织"情报员。一战期间，她帮助英国刺探土耳其军队的情报。被抓住后受尽折磨，后在狱中自杀

▶犹太复国主义者组成的骡马运输队志愿者队伍聚集在埃及。之后作为一支全犹太人队伍加入加里波利的英军队伍作战。圆圈标出的是该志愿者队伍的组织者弗拉基米尔·亚博京斯基

员。她被土耳其军队抓住后受尽酷刑。后来，她在狱中自杀。她的哥哥亚伦·亚伦森（Aaron Aaronsohn）在此前的十年里一直忙于发掘巴勒斯坦的农业潜力。后来，他辗转到了英国。他坚信，经过以色列人的努力，巴勒斯坦将会成为一个欣欣向荣的国家。他的执着打动了一些英国政治家。

1917年11月2日，为了感谢"Nili组织"对英军的帮助，同时为了激励俄国和美国的犹太人支持对德战争，英国外交大臣A.J.贝尔福（A.J.Balfour）致函罗斯柴尔德勋爵（当时英国犹太复国运动的领导者），承诺土耳其战败之后，英国将同意犹太人在巴勒斯坦建立"犹太人的民族家园"。

哈依姆·魏兹曼（1874—1952）

第一次世界大战爆发前，出生于俄国的哈依姆·魏兹曼（Chaim Weizmann）移民到英国。作为一个化学家，他在开发合成爆炸物方面，为英国政府提供了莫大帮助。他是英国犹太复国运动的领袖，说服英国政界要人支持犹太人在巴勒斯坦建立犹太国家。

亚伦·亚伦森（1876—1919）

　　亚伦·亚伦森出生于罗马尼亚。6岁时，随父母亲来到巴勒斯坦。在海法附近阿斯利特（Athlit）的犹太农业试验站担任总经理期间，他在很多庄稼上做了实验，确保这些庄稼适合在巴勒斯坦种植。他还在加利利发现了野生小麦（被称为"二粒小麦"，与用做意大利面食的现代硬质小麦关系很近，是史前人类主要的谷类作物）。

▲骡马运输队从加里波利出发，前往前线与土耳其军队作战。他们希望打败土耳其可以为在巴勒斯坦建立犹太国家铺平道路

英国在《贝尔福宣言》中承诺，它将"倾尽全力"，帮助筹建这一"犹太国家"（Jewish National Home）。赫茨尔20年前的梦想距离其实现更近了一步。

即使在第一次世界大战期间，土耳其当局对巴勒斯坦实施高压统治时期，巴勒斯坦也有很多犹太人幼儿园。犹太护士们一直在上班。一战期间，在基布兹代加尼亚出生的人中，有一个名叫摩西·达扬（Moshe Dayan）的犹太人，后来成为以色列军队的参谋长、国防部长。

The IMPERIAL HOTEL
Russell Square,
London, w.c.

TELEGRAMS RUSIMP WESTCENT LONDON
TELEPHONE MUSEUM 3400.

1,000 ROOMS   TURKISH BATHS.

《贝尔福宣言》的手写草稿

该草稿写在伦敦市中心犹太复国运动总部附近一家旅馆的信笺上。在这份文件发表三个月之前，由犹太复国主义者组成的起草委员会就这份手稿的内容达成了一致。

Foreign Office,
November 2nd, 1917.

Dear Lord Rothschild,

I have much pleasure in conveying to you, on behalf of His Majesty's Government, the following declaration of sympathy with Jewish Zionist aspirations which has been submitted to, and approved by, the Cabinet.

"His Majesty's Government view with favour the establishment in Palestine of a national home for the Jewish people, and will use their best endeavours to facilitate the achievement of this object, it being clearly understood that nothing shall be done which may prejudice the civil and religious rights of existing non-Jewish communities in Palestine, or the rights and political status enjoyed by Jews in any other country".

I should be grateful if you would bring this declaration to the knowledge of the Zionist Federation.

Yours,

Arthur James Balfour

《贝尔福宣言》

这份宣言是以英国外交大臣阿瑟·詹姆斯·贝尔福（Arthur James Balfour）写给第二代罗斯柴尔德男爵的一封信的形式出现的。这封信在收信人收到一周后才发表，为的是确保每周一期的《犹太人纪事报》（*The Jewish Chronicle*）第一个发表。

1918
巴勒斯坦的解放

《贝尔福宣言》承诺允许犹太人在巴勒斯坦建立犹太国。1917年12月10日，即该宣言公布六星期后，英国派兵将土耳其军队逐出耶路撒冷。此举将整个巴勒斯坦南部地区控制在英国手中。

土耳其军队溃逃后，英军指挥官艾伦比将军（General Allenby）率军进入耶路撒冷，用英文、希伯来文、阿拉伯文三种文字发布了入城公告。公告说，英军尊重城内所有公民的权利，而这些公民包括相较于50万阿拉伯人来说人数较少的5万名犹太人。

在英国的军事统治下，犹太人的复国事业继续进行。巴勒斯坦犹太复国运动最初采取的措施之一是从一位英国爵士手中买下斯科普斯山（Mount Scopus）山顶上的一处院子，将来用以建造一所犹太人的大学。后来，那所大学被命名为耶路撒冷希伯来大学（Hebrew University of Jerusalem），既接收犹太学生，也接收阿拉伯学生。

欧洲大地上仍然在进行一战。1917年4月，美国参战，加入协约国。两个年轻的巴勒斯坦犹太人，戴维·本－古里安（David Ben-Gurion，30年后出任以色列国第一任总理）和伊扎克·本－兹维（Yitzhak Ben-Zvi，以色列第二任总统）

▼艾伦比将军回到耶路撒冷，犹太童子军向他敬礼。站在最上面的台阶上，身穿深色正装的，是犹太复国委员会（Zionist Commission）主席哈依姆·魏兹曼

地中海

纳布卢斯

伯尔齐德
卡奇亚
拉斯艾因
埃尔加利尔
特拉维夫
雅法
佩塔提克瓦
代尔拜卢特
辛只勒
阿塔拉
米克维以色列
兰蒂
埃尔耶胡迪
里雄莱锡安
伦蒂斯
内斯锡安纳
拉德
拉姆拉
舒克巴
拉姆安拉
伯拉
奥基
埃尔曼苏拉
纳尼
贝特西拉
贝特努巴
塔赫塔
埃尔拉姆
格德拉
胡尔达
雅鲁
阿姆瓦斯
贝特杜卡
比达
泰勒弗
莱特龙
库里特埃尔伊纳布
奈比桑维尔
叙拉
科洛尼亚
塞里斯
利弗塔
卡斯特
1918年2月21日，英军占领杰里科
哈尔图夫
阿库尔
埃尔马利哈
贝特艾特布
比蒂尔
玛埃利斯
阿布迪斯
瓦迪富肯
拜特贾拉
伯利恒
杰巴
塞法熔岩区
贝特费吉
希伯仑

0   4英里
0   6千米

审图号 GS（2022）2012号

本书地图系原文插附地图

31

● 1917年11月英军解放的犹太村庄
● 1917年11月19—25日英军解放的阿拉伯村庄
▬ ▬ 1917年12月7日英军的位置
1917年12月8—10日英军占领区
1917年12月—1918年9月耶路撒冷北部前线

◀ 1919 年，人们在斯科普斯山的英国烈士墓竖起一个大大的、可以俯视耶路撒冷的十字架。其他 2514 个十字架标志着长眠在这里的 2514 位英军士兵、英联邦士兵的坟墓，其中包括为解放耶路撒冷献出生命的犹太士兵

前往美国，从美国犹太人中招募士兵（其中很多人出生于俄国）作为犹太军团（Jewish Legion）成员，进入英军作战，为解放巴勒斯坦出力。战争结束后，这些士兵成为定居那片土地的先驱。

在"二本"（那些美国犹太新兵这样称呼戴维·本－古里安、伊扎克·本－兹维）从美国招募的 2500 名犹太人中，出生于俄国的纳赫米亚·鲁比佐夫（Nehemia Rubitzov）就是其中之一。他的儿子用了"拉宾"（Rabin）这

▶ 1917 年 12 月 11 日，艾伦比将军穿过雅法门，进入耶路撒冷旧城。此前，占据该地的土耳其军队已被英军赶走

梅纳赫姆·乌西什金（1863—1941）

梅纳赫姆·乌西什金（Menachem Ussishkin）出生于俄国。他认为，犹太人要想在巴勒斯坦拥有一个光明的未来，就必须培养一个"农民阶层——在耕种土地的普通人"。1914 年，他率先积极为未来的耶路撒冷希伯来大学筹集资金。1919 年，他作为犹太复国运动代表，出席了巴黎和会，并在会上用一种人们没有听过的语言（现代希伯来语）发言。从 1923 年直到去世，乌西什金一直担任犹太民族基金会（Keren Kayemet）主席，负责购买土地、建立犹太农场和村庄。

伊扎克·本－兹维（1884—1963）

1884年出生于波尔塔瓦（Poltava）。1907年，本－兹维前往巴勒斯坦。1909年，他在巴勒斯坦建立了犹太卫兵保安（Ha-Shomer）协会。同年，他编辑出版巴勒斯坦的第一份希伯来语社会主义期刊——《团结》（*Ahdut*）。1920年，他被选为劳工总联合会（Histadrut）书记，入选国家委员会（Va'ad Le'umi）领导委员会，并在1931年当选主席。1949年，本－兹维入选以色列议会（Knesset）。1952年，哈依姆·魏兹曼去世后，本－兹维就任以色列总统。1963年，他在总统任上去世。他生前撰写和出版了多部有关犹太人群体和教派的作品。

一姓，后来成为以色列一名出色的军官和政治家。

被本－古里安、本－兹维说服，从美国前往欧洲的还有出生于俄国、当时居住在密尔沃基（Milwaukee）的戈尔迪·马伯维奇（Goldie Mabovitch），即后来的果尔达·梅厄（Golda Meir）。"二本"告辞之后，她决心等战争一结束就想办法前往巴勒斯坦，投身犹太国家的

◄ 1918年7月24日，英国军政府士兵和耶路撒冷居民注视着希伯来大学的奠基工作

建设事业。

加拿大、英国的犹太人也积极响应招募活动。虽然在战争结束之际，他们的军事训练还没有结束，但他们已经抵达了埃及，并且，大多数人还花了一天时间，从埃及辗转到了巴勒斯坦。

1918 年 9 月，欧洲战事结束一个月前，艾伦比将军的部队解放了巴勒斯坦，那些被土耳其人赶走的犹太人得以重返家园。另外一些犹太人在等待英国人兑现他们的承诺。在英国承诺的推动下，哈依姆·魏兹曼带领犹太复国委员会（Zionist Commission）抵达巴勒斯坦，开始探索大批犹太人迁入和开发耶路撒冷的可能性。

亚伦·亚伦森也是这个犹太复国委员会的成员。抵达巴勒斯坦 9 个月之后，他作为巴黎和会犹太复国代表之一回到欧洲，向参加巴黎和会的各国首脑提出建立一个犹太国家的提议。会议同意将巴勒斯坦的一部分交给英国托管，"推进"建立一个犹太国家的进程。在会议中途，亚伦森从伦敦飞回巴黎，因为飞机在英吉利海峡上空失事而遇难。

PROCLAMATION

of Martial Law in Jerusalem.

To the inhabitants of Jerusalem the Blessed and the people
dwelling in its vicinity.

The defeat infliced upon the Turks by the troops under my
my command has resulted in the occupation of your city by my
forces. I therefore here and now proclaim it to be under Martial
Law, under which form of administration it will remain so long
as military considerations make it necessary.

However, lest any of you should be alarmed by reason of
your experiences at the hands of the enemy who has retired, I
hereby inform you that it is my desire that every person should
pursue his lawful business without fear of interruption.
Furthermore, since your City is regarded with affection by the
adherents of three of the great religions of mankind, and its
soil has been consecrated by the prayers and pilgrimages of
devout people of those three religions for many centuries,
therefore do I make known to you that every sacred building,
monument, holy spot, shrine, traditional site, endowment, pious
bequest or customary place of prayer, of whatsoever form of the
three religions, will be maintained and protected according to
the existing customs and beliefs of those to whose faiths they
are sacred.

Edmund Henry Hynman Allenby

General.
Commander-in-Chief,
Egyptian Expeditionary Force.

December 1917.

艾伦比将军的公告

在进入耶路撒冷的第一份公告中，艾伦比将军公布了《戒严令》。在这份《戒严令》中，艾伦比呼吁市民冷静，并向他们保证，英军将积极保护所有宗教信仰的宗教圣地、礼拜场所。

DÉLÉGATION HEDJAZIENNE
PARIS

1. 3. 19.

Dear Mr Frankfurter

I want to take this opportunity of my first contact with American Zionists to tell you what I have often been able to say to Dr Weizmann in Arabia and Europe.

We feel that the Arabs and Jews are cousins in race, having suffered similar oppressions at the hands of powers stronger than themselves, and by a happy coincidence have been able to take the first step towards the attainment of their national ideals together.

We Arabs, especially the educated among us, look with the deepest sympathy on the Zionist movement. Our deputation here in Paris is fully acquainted with the proposals submitted yesterday by the Zionist Organisation to the Peace Conference, and we regard them as moderate and proper. We will do our best, in so far as we are concerned, to help them through: we will wish the Jews a most hearty welcome home.

With the chiefs of your movement, especially with Dr Weizmann, we have had, and continue to have, the closest relations. He has been a great helper of our cause, and I hope the Arabs may soon be in a position to make the Jews some return for their kindness.

We are working together for a reformed and revived Near East, and our two movements complete one another. The Jewish movement is national, and not imperialist: our movement is national and not imperialist, and there is room in Syria for us both. Indeed I think that neither can be a real success without the other.

People less informed and less responsible than our leaders and yours, ignoring the need for co-operation of the Arabs and Zionists, have been trying to exploit the local difficulties that must necessarily arise in Palestine in the early stages of our movements. Some of them have, I am afraid, misrepresented your aims to the Arab peasantry, and our aims to the Jewish peasantry, with the result that interested parties have been able to make capital out of what they call our differences.

I wish to give you my firm conviction that these differences are not on questions of principle, but on matters of detail such as must inevitably occur in every contact of neighbouring peoples, and as are easily adjusted by mutual goodwill. Indeed nearly all of them will disappear with fuller knowledge.

I look forward, and my people with me look forward, to a future in which we will help you and you will help us, so that the countries in which we are mutually interested may once again take their place in the community of the civilised peoples of the world.

Believe me,
yours very sincerely

埃米尔·费萨尔（Emir Feisal）的一封信

在参加巴黎和会期间，埃米尔·费萨尔致函参会者，他在信中说"我们阿拉伯人，尤其是我们中间受过教育的阿拉伯人，深切地同情犹太复国运动"，再次将犹太事业与阿拉伯事业用一个共同的纽带联系在一起。劝说他写这封信的是 T. E. 劳伦斯（T. E. Lawrence，即"阿拉伯的劳伦斯"）。当时，劳伦斯是费萨尔在巴黎的助手。

1917—1923
英国统治下的巴勒斯坦

1921年，英国军队在其开始统治巴勒斯坦的四年后，在那里建立了其作为国际联盟（League of Nations）托管机构的权威。

英国向巴勒斯坦委派了总督，任务是帮助犹太人建立犹太国家，主要途径是移民和购买土地，同时保护在那里人口占大多数的阿拉伯人的权利。

犹太人的移民和农业开发继续进行。基布兹运动持续高涨。1921年，第一个"莫沙夫"（moshav，合作社和私营农场的结合）出现在纳哈拉尔（Nahalal）的伊茨雷埃勒勒谷地（Jezreel Valley）。

大抵同一时间，地中海岸边出现了一个名叫"赫兹利亚"（Herzliya）的莫沙夫，为的是纪念西奥多·赫茨尔。没过几年，赫兹利亚发展成为一个小城市。1923年，一些来自罗马尼亚的犹太教徒又建立了一个名叫卡法吉迪恩（Kfar Gideon）的莫沙夫。艰难生活数

赫伯特·萨缪尔（1870—1963）

1914年前，赫伯特·萨缪尔（Herbert Samuel）是英国政府工作人员。一战爆发后，他致函内阁同事，建议如果土耳其战败，英国应接管巴勒斯坦，支持犹太人在那里建立犹太国家。

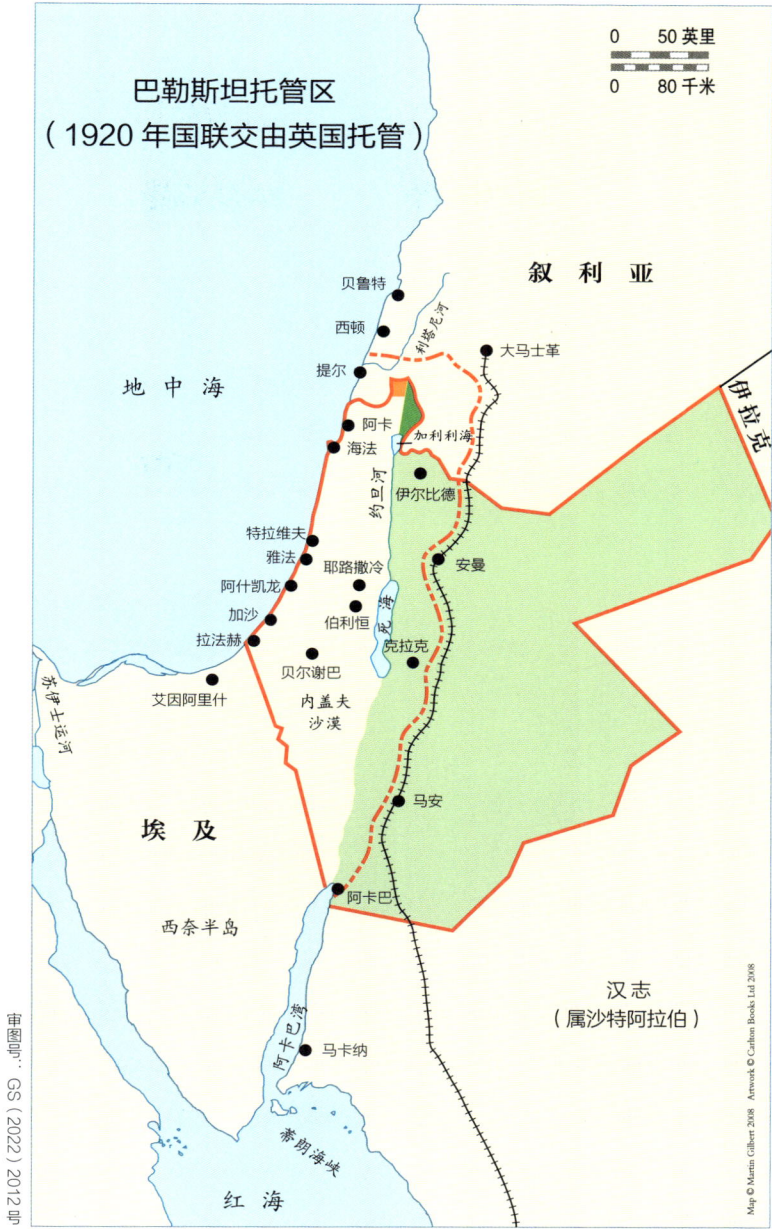

巴勒斯坦托管区
（1920 年国联交由英国托管）

0   50 英里

0   80 千米

贝鲁特

西顿

提尔

大马士革

叙利亚

地中海

利塔尼河

阿卡

海法

加利利海

约旦河

伊尔比德

特拉维夫

雅法

耶路撒冷

安曼

阿什凯龙

加沙

伯利恒

死海

宛拉克

拉法赫

贝尔谢巴

艾因阿里什

内盖夫沙漠

埃及

马安

伊拉克

西奈半岛

阿卡巴

汉志
（属沙特阿拉伯）

阿卡巴湾

马卡纳

蒂朗海峡

红海

审图号" GS（2022）2012号

Map © Martin Gilbert 2008 Artwork © Carlton Books Ltd 2008

本书地图系原文插附地图

- - - - 　1919 年犹太人设想的犹太国的大致国界

　　　巴勒斯坦托管区（Palestine Mandate）的界限。在 1920 年的圣莫雷会议上，
　　　该地区被作为犹太国的一个地区由英国托管。

　　　1921 年，该地区被英国从巴勒斯坦分离出来，交由埃米尔阿卜杜拉（Emir Abdullah）
　　　管理。这一地区被命名为"Transjordan"（外约旦），紧挨着犹太人的定居点。

　　　1923 年，英国割让给法国的叙利亚托管区

　　　1923 年，法国割让给英国的巴勒斯坦托管区

39

年之后，人们终于发现了一处自然水源。

1921年，这里建立了一所农业实验学校，用第一次世界大战之前农场管理人伊扎克·沃尔卡尼（Yitzhak Volcani）的名字命名为"沃尔卡尼中心"。在犹太复国主义者执委会（Zionist Executive）的赞助下，这所学校努力提升农田的耕作水平和农作物的质量。

欧洲和美洲各地年轻犹太人纷纷前往当地培训中心参加培训，为未来在巴勒斯坦的生活做准备。他们中大多数人接受的是农业训练。其他犹太人抵达巴勒斯坦之前没有受过任何训练，只能做碎石和修建公路等体力活。

英国派往巴勒斯坦的第一位总督赫伯特·萨缪尔爵士自己就是犹太人。1921年，当巴勒斯坦阿拉伯人抗议犹太人不断移民巴勒斯坦，并实施暴力活动之际，萨缪尔中止了犹太人移民长达好几个月，为的是平息阿拉伯人不满情绪。在那些因为萨缪尔的这一命令而被拒绝上岸的人中，就有果尔达·梅厄（Golda Meir）。她最终6个月后才抵达巴勒斯坦。

因为担心耶路撒冷的犹太人与地中海岸边的犹太城市、村庄相距太远，犹太建国基金会主席梅纳赫姆·乌西什金呼吁购买耶路撒冷走廊阿拉伯村庄附近的土地，在那里建设犹太农村。土地开垦让那些遍地岩石的贫瘠山地变成了奶牛场和果园，开启了一场大规模的植树造林计划。

负责这一托管区的英国殖民事务部大臣正是温斯顿·丘吉尔。1921年在巴勒斯坦考察时，他为阿拉伯人对犹太移民强烈的敌意感到非常苦恼。在前往加沙的路上，他路遇一大群人齐声呼喊："殖民大臣万岁。犹太人去死吧！"这是一个不祥的预兆。

温斯顿·丘吉尔（1874—1965）

1921—1922年，担任殖民事务部大臣（Colonial Secretary）的丘吉尔负责促进巴勒斯坦英国托管区的发展。1921年考察了耶路撒冷，走访了海岸平原的犹太人城镇里雄莱锡安（Rishon-le-Zion）之后，他规定，犹太人在巴勒斯坦生活是"合法的，并不是勉强获准留在那里"。他呼吁海外犹太人大举迁入，直到达到"这个国家经济所能吸纳的最大限度"。他强烈批评限制犹太人迁入来纵容阿拉伯人对犹太人实施暴力的行为。

在耶路撒冷，丘吉尔在未来希伯来大学所在地斯科普斯山上种下了一棵树。他还告诉巴勒斯坦的阿拉伯领导人，他们必须接受犹太人生活在他们身边这一事实，这是一个对他们有好处的事实。

总督赫伯特·萨缪尔任命的人中，阿明·侯赛尼（Amin al-Husseini）被任命为耶路撒冷的伊斯兰宗教领袖穆夫提（Mufti）。侯赛尼迅速成为一个反对犹太人继续移居巴勒斯坦的首要人物。他呼吁暴力反抗，坚决反对，甚至杀掉那些主张与身边作为少数民族的犹太人和平相处、一起劳动的观点温和的巴勒斯坦阿拉伯人。

▼ 纳哈拉尔的机器脱粒。纳哈拉尔是 1921 年在伊茨雷埃勒谷地建立的合作社和私营农场——"莫沙夫"。人们花了将近 25 年控制了这里的疟疾

▲ 1925 年，从苏联移居过来的犹太人在耶路撒冷附近的菜市场干活。他们开采石头，在城郊建设犹太人生活的住宅区和花园城市，以及学校、犹太教会堂、巴勒斯坦犹太人联合会（Jewish Agency for Palestine）主持建设的福利设施

1925
希伯来大学的建立

　　Yishuv（人们对巴勒斯坦托管区犹太人的称呼，音译"伊休夫"）的历史转折点是1925年希伯来大学的建立。

　　这所大学的位置选得非常好：斯科普斯山顶上，向西俯视耶路撒冷旧城，东面则是广阔而空旷的犹大沙漠（Judean desert）。

　　一个圆形运动场被特意设计和建造在山顶可以远眺沙漠的那一侧。这所大学的启用仪式就在那里举行。出席者包括以色列复国运动的两位先驱，即哈依姆·魏兹曼和梅纳赫姆·乌西什金。

　　受邀出席者多达7000人。另外还有数千犹太人乘坐大巴车、小轿车、火车、马匹、马车，甚至步行从巴勒斯坦各地赶来。

　　信仰犹太教、基督教和伊斯兰教的嘉宾坐在主席台的贵宾位置。来自牛津大学、剑桥大学、约翰·霍普金斯大学身穿鲜艳教师长袍的来宾分坐在高台上，他们带来了各自学校的美好祝愿。贝尔福勋爵也千里迢迢从伦敦赶来。此时距离发表《贝尔福宣言》让英国王室庇护下的以色列国的建立成为可能仅8年。

▶ 耶路撒冷希伯来大学图书馆的一角。该图书馆的第一批藏书来自一战前俄国各地犹太人的捐赠

朱达·马格内斯（1877—1948）

　　朱达·马格内斯是众多努力按照最高标准建设希伯来大学、努力缩小犹太人与阿拉伯人之间差距的人士中最为勤奋的人。他历经15年，努力通过各种途径与阿拉伯人进行沟通和合作。然而，最后他发现，双方之间的鸿沟根本无法弥合。

亚伯拉罕·艾萨克·库克（1865—1935）

亚伯拉罕·艾萨克·库克（Abraham Isaac Kook）是巴勒斯坦的首席拉比。他认为，犹太人回归以色列故土标志着神圣救赎的开始，《贝尔福宣言》则宣告了一个新时代。他强调以色列国复兴精神维度的重要性。

◄英国驻巴勒斯坦总督约翰·钱塞勒爵士（Sir John Chancellor，中间穿着大衣、戴着帽子和手套者）视察希伯来大学。他左边（将帽子拿在身前的）的男子是大学校长朱达·马格内斯（Judah Magnes）

◄1925年4月1日，身穿博士服的贝尔福勋爵在耶路撒冷希伯来大学的启用仪式上向来自巴勒斯坦各地的犹太人致辞。"一个新的时代已经开始，一个伟大的文化事业……即将在你们的家乡重新开始……不仅生自犹太血统的人，还有认同世界共同文明理念的人，都有理由感受这种幸运"

希伯来大学的建立具有双重使命：第一，按照最高学术标准教育巴勒斯坦犹太人和所有阿拉伯人（后来招收到成千上万的学生）；第二，为来自全世界的犹太人提供一个成就学术卓越和热烈讨论的中心。学校教师来自全球有犹太人居住的各个角落。第一任校长朱达·马格内斯出生在旧金山。

萨缪尔·克莱因（Samuel Klein）是这所学校创立初期的一名教师。他是一位拉比，曾在一战中担任奥匈军队的随军教士。他研究与《圣经》有关的和希腊化时期文献中的巴勒斯坦地形，是这方面的权威专家。曾经在一战中担任军医的索尔·阿德勒（Saul Adler）成为希伯来大学的寄生虫学教授。阿德勒还将达尔文的《物种起源》翻译为希伯来语。希伯来语是这所新成立大学的教学语言。

在启用仪式上，出生于俄国的以色列诗人哈依姆·纳曼·比亚利克（Chaim Nahman Bialik）为大家讲授犹太人的世俗价值观与宗教价值观怎样相辅相成。

不过，即使在希伯来大学的启用仪式上，也隐约笼罩着不祥的阴云。当有人宣布贝尔福即将光临时，巴勒斯坦的阿拉伯人在宗教领袖的煽动下，宣布举行罢工，以示抗议。朱达·马格内斯在日记中说，埃及的穆斯林学者具有"明显的敌意"。

在日记中，马格内斯还说，启用仪式结束之后，"贝尔福马上就要离开了。人们的兴奋情绪即将回归平静。留下的将会是什么呢？在外部世界的眼中，留下的是这一事实——犹太人欣喜不已，而阿拉伯人举行罢工。在信仰伊斯兰教的阿拉伯人看来，意味着心头怨恨的增加。对于生活在巴勒斯坦的犹太人，意味着与邻居的关系更加紧张"。

47

当今耶路撒冷希伯来大学的俯视图（20世纪70年代重建工作之后）。1948年冲突期间，这所大学被耶路撒冷的犹太人聚居区隔离。1967年，它重新向犹太人开放

1922—1933
筹备建国

　　除了耶路撒冷希伯来大学，在托管开始的十年里，这里还建立了很多其他机构。每个机构都给未来以色列国这一大厦添砖加瓦。这些机构被称为"犹太民族机构"（Jewish National Institutions）。依托这些机构，以色列的国家架构得以建立，只等待英国托管的结束。

　　这些民族机构的中心是巴勒斯坦犹太人联合会。这是巴勒斯坦犹太人用以规范生活秩序，与英国托管当局保持密切接触的机构。这些民族机构中还有一个通过选举产生的犹太人大会，以及一个公会组织，即全国犹太劳工联合会（National Federation of Jewish Labour，又称Histadrut），负责监督犹太工人的工作条件。

　　依托犹太建国基金会出色的筹资工作，出现了一批新兴的犹太城镇，其中包括伊茨雷埃勒谷地的阿富拉（Afula）、地中海岸边的

◀ 1935 年，巴尔·科赫巴（Bar Kochba）青年团在特拉维夫马卡比运动会的舞台上。第一届马卡比运动会召开于 1932 年。最初四年举办一次。因为欧洲的纳粹浪潮，第二届在 1935 年提前一年举行。第二次世界大战使第三届马卡比运动会推迟到 1950 年，晚了 10 年

►经过辛勤劳作，犹太人将巴勒斯坦各地的贫瘠土地变成了富饶的良田。最令人瞩目的是海岸平原上大量的柑橘园。这张照片展示了男女采摘工在柑橘园里干活的情景

内坦亚（Netanya）、纳哈里亚（Nahariya）。另外，人们还在本舍门（Ben Shemen）为父母丧生于第一次世界大战的波兰东部犹太孤儿、父母死于1918年后俄国南部和乌克兰的大屠杀的儿童建立了一个专门的年轻城镇。

巴勒斯坦的犹太运动项目开展得如火如荼。巴勒斯坦成为世界范围犹太人马卡比运动会的中心，每四年举办一次，被誉为"犹太人的奥运会"。马卡比运动会让全世界的犹太运动员汇聚在一起，营造一种犹太人体育成就的自豪感。

►犹太人自卫武装"哈加纳"的指挥官伊扎克·萨德（Yitzhak Sadeh）和军官摩西·达扬（左）、伊加尔·阿隆（Yigal Allon）。后来，达扬在1941年与法国维希政权军队作战时失去了一只眼睛。在1948年的独立战争中，阿隆成为一位高级军官

农业方面也发生了一场革命。各种本地作物和外来作物都得到了广泛种植：柑橘、香蕉、红枣、鳄梨。红枣引种自伊拉克，鳄梨来自南非。

科技也获得了迅速发展，尤其是两个科研机构取得了令人瞩目的成就。这两个科研机构是海法的

哈加纳

哈加纳（Haganah，意为"保卫"）成立于1921年，当时在巴勒斯坦阿拉伯人对犹太人的攻击已经成为司空见惯的事情。该组织的成立未经过英国托管当局的批准。他们的职责是扮演英国人不愿意扮演的角色，即保护犹太城镇和村庄免受阿拉伯人的攻击。当1936年后英国开始限制犹太人移居巴勒斯坦时，哈加纳建立了一个专门组织（"Aliyah Bet"，意为"移民B"），秘密帮助移民以色列的犹太人物色船只，雇用船员，将移民带上岸。

以色列理工学院（Technion）和位于雷霍沃特的丹尼尔·西弗研究院（Daniel Sieff，后更名为魏兹曼科学院）。两所研究机构都启动了规模巨大的科研项目，吸引了世界各地的犹太科学家和工程师。

犹太人的自我防卫是保护犹太农场和家园远离阿拉伯人的攻击。为了实现这一目的，巴勒斯坦犹太人联合会于1921年建立了一支名叫"哈加纳"的防卫部队，训练基布兹年轻一代拿起武器，保卫农场和田园，抵抗阿拉伯人的袭击。

1929年，阿拉伯人掀起了一场抗议犹太人持续涌入的大规模暴力活动。8月，阿拉伯抗议者攻击了全国各地的犹太人。在希伯仑，亚伯拉罕、艾萨克、雅各布等宗教领袖的墓地被毁，60名犹太人被杀，其中包括女人和孩子。很多人在家中被害。杀戮活动还蔓延到耶路撒冷和其他地区。

在长达一个星期的暴力活动中，133名犹太人被杀。英国托管当局

▶ 1933 年 10 月 27 日，英国警察在英国行政楼前镇压抗议犹太人移民巴勒斯坦的阿拉伯人。一名英国警察和 26 名阿拉伯人丧生

竭力阻止这场杀戮，镇压的军警打死了 80 多名闹事的阿拉伯人。英国总督警示英国政府说："阿拉伯人对犹太人根深蒂固的仇恨已在全国各地浮出水面。"

后来，1933 年，希特勒掌握德国政权。突然之间，巴勒斯坦成了那些之前愿意生活在世界其他地区、对所在地区作出积极贡献的犹太人的紧急避难地。

从德国纳粹上台的那一刻起，随着反犹思想和针对犹太人的暴力活动不断加剧，每周都有大量年轻的德国犹太人抵达巴勒斯坦，而托管当局对此依旧采取容许态度。在

摩西·达扬（1915—1981）

年轻时，摩西·达扬积极投身保卫他从小所生长的金诺萨尔村（Ginossar）。1941 年，在与叙利亚英军共同抗击法国维希政权军队时失去了一只眼睛。1953 年，他就任以色列军队总司令。1967 年"六日战争"前夕，他就任以色列国防部长。

◀ 1929 年 9 月 23 日，巴勒斯坦的阿拉伯人认真收听英国发布的公告：英国法庭将审理所有骚乱事件。在 1929 年的骚乱中，133 名犹太人死于阿拉伯人之手。87 名阿拉伯人被杀，他们几乎都死于英国军警的枪下

1933 年到来的 2000 名犹太人（那年来自德国的犹太难民多达 5000 人）中，一些人去了培训农场，其他人去了希伯来大学。不管这些新来者能力或潜力如何，巴勒斯坦的犹太人都热情欢迎他们。四年内，超过 5 万名德国和奥地利犹太人获准移居巴勒斯坦。德国风格和奥地利风格的咖啡店、糕饼店也因此成为巴勒斯坦每个犹太城镇的重要一景。

◀ 1929 年 8 月 25 日希伯仑犹太人遭到阿拉伯人攻击之后（在那场暴力事件中，60 名犹太人丧生，其中不少是女人和孩子），耶路撒冷成了幸存者的避难所。希伯仑的犹太人群体可以追溯到数百年前

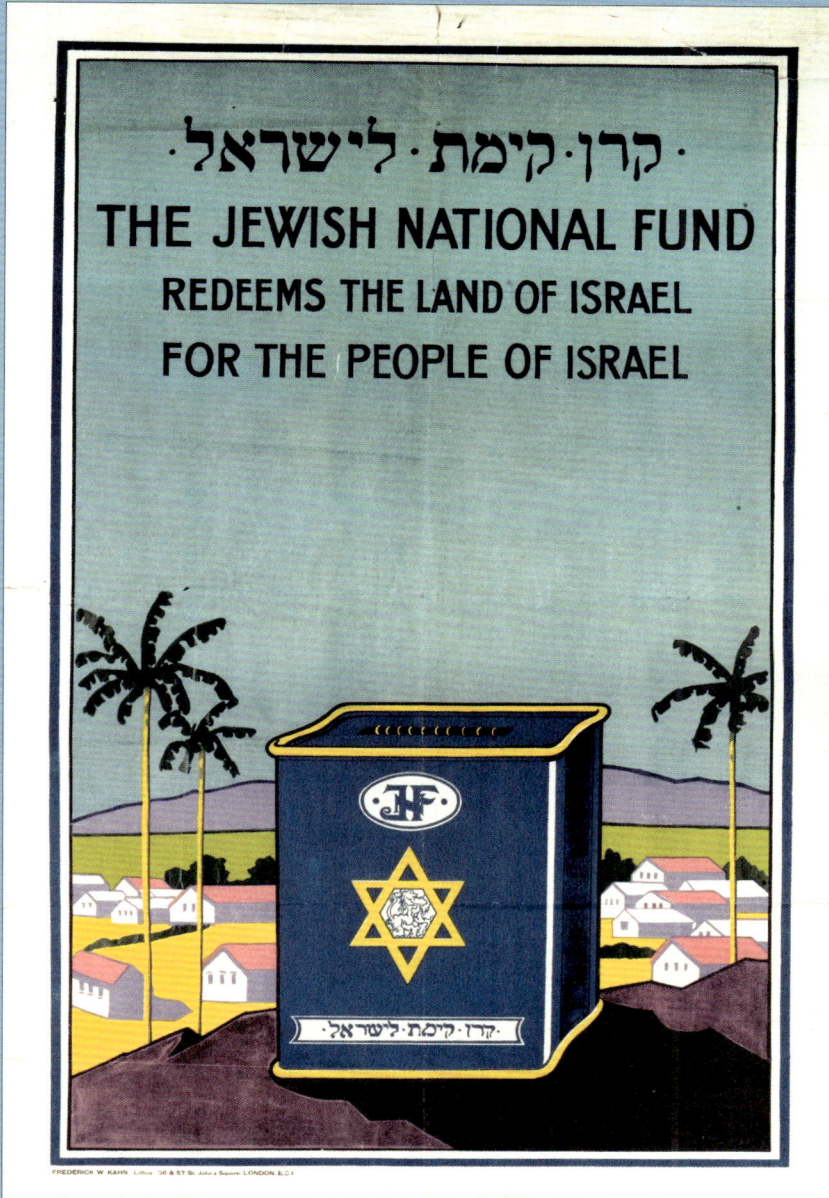

犹太民族基金会的广告

　　广告中展示的"蓝色筹款箱"是散居世界各地的犹太人用来筹集资金的主要工具。广告上的风景图片深受美国、加拿大、英国等国犹太筹资人喜爱，它展示的是巴勒斯坦一个具有鲜明犹太特色的村庄。成千上万个筹款箱收到的资金将用来在巴勒斯坦购买土地和植树造林。

1933—1939
努力奋斗

1936年，纳粹掌权后，大量德国犹太人涌入巴勒斯坦引发了阿拉伯人的另一轮抗议热潮。这一次，矛头不但指向犹太人，还指向英国人。

阿拉伯人继续要求犹太人停止移民巴勒斯坦，要求英国取消帮助犹太人建立任何形式国家的承诺。英国动用武力镇压阿拉伯人的暴力活动，通缉他们的宗教领袖。后者逃离巴勒斯坦，后来成为希特勒的座上客。1937年，英国还成立了一个由皮尔勋爵（Lord Peel）牵头的王室调查委员会，重新审视所有托管原则。

◀阿明·侯赛尼，耶路撒冷穆斯林的宗教领袖，曾在 1920 年、1929 年、1936 年三次煽动阿拉伯人对犹太人实施暴力行为。1937 年，他在英国的追捕下逃离巴勒斯坦

戴维·本－古里安（1886—1973）

从 1921 年开始，戴维·本－古里安一直担任全国犹太劳工联合会（Histadrut）的最高领导者。1934 年，他穿越内盖夫沙漠（Negev Desert）、考察阿卡巴湾（Gulf of Akaba）时，看到一个连接印度洋的犹太港口的重要潜力。这个港口就是后来的埃拉特（Eilat）。1935 年，他就任巴勒斯坦犹太人联合会执行委员会（Jewish Agency Executive）主席，负责指导犹太复国政策的各个方面：国内征税、土地购买、土地垦殖、工业、工会、居民移入、防卫、对英谈判、外交活动。

▲奥德·温盖特的代号"朋友"被人们所熟知。1944年,他在缅甸的对日作战中牺牲

皮尔率领的调查委员会制定了激进的解决方案,即将巴勒斯坦分为两个独立的国家,一个是犹太国家,一个是阿拉伯国家,而耶路撒冷城和周围广大地区仍然是单独实体,由英国管理。

巴勒斯坦犹太人联合会(当时的负责人是戴维·本－古里安)迫切想要建立一个犹太国家。虽然英国人提出的以色列国没有将耶路撒冷的犹太人居住区包括在内,巴勒斯坦犹太人联合会仍然接受了分治方案。阿拉伯人断然拒绝了这一方案。他们不承认犹太人有任何建国的权利,即使对于那些犹太人口占大多数的地方,也是如此。

当时的巴勒斯坦仍在英国的托管之下。阿拉伯人针对英国统治的暴动持续进行。对犹太人的攻击逐渐加剧:暴徒将

特拉维夫

1922 年,特拉维夫有 1.5 万名犹太人。人口增长速度非常快。1923 年,电厂开始运转,这座城市有了电力照明。在很多新来者的眼中,戏院、电影院、图书馆、书店、咖啡店、餐馆和欧洲中部的生活没有什么差别。1935 年,这里的人口达到 12 万人。

炸弹扔入公交车、集市里，犹太人走在街上被人捅伤，地里庄稼被毁，家里被抢劫。如何应对这些情况，巴勒斯坦的犹太人意见不一。本－古里安不愿意对阿拉伯人实施报复。不过，以弗拉迪米尔·雅布廷斯基（Vladimir Jabotinsky）为首人数较少的反对派，即"犹太复国主义的修正派"（Revisionists），呼吁制定和实施报复方案。

犹太复国事业竭力保持它的尊严和创造性。每隔几周，犹太人就会在犹太建国基金会购买的土地上建立一些新的犹太定居点。为了防止英国人或阿拉伯人的干涉，他们首先建了瞭望塔和防护栅栏。这些工作往往在夜间进行。

新定居点的建立满足了一批批移民的居住需求。1935 年，南斯拉夫的一批犹太移民建立了一个名叫"山谷之门"（Sha'ar Ha-Amakim）的基布兹。该基布兹位于海法港东部的内陆地区。海法港的规模日渐扩大。犹太装卸工人和码头工人让港口的装卸能力大为增强。

1937 年，一群来自中欧信仰宗教的犹太人在约旦河流域建立了一个

▲ 1936 年 6 月 9 日，英国军警在交叉路口设置的铁丝网路障。当时，阿拉伯闹事者与英国士兵的冲突进一步激化。阿拉伯人要求英国当局立即叫停犹太人的继续涌入。当月，英国部队打死 140 多名阿拉伯人，33 名英军士兵丧生

地中海岸边犹太城市内坦亚正在建设第一座犹太教会堂。1929 年始建于沙丘上的内坦亚正在发展成为一个繁荣的海边城市

名叫"Tirat Tzvi"（又称"Tirat Zevi"，意为"Zevi 的城堡"）的基布兹。这些先驱者将宗教崇拜与农业生产结合在一起。这个基布兹的名字取自犹太教教士泽维·希尔施·卡里舍尔（Zevi Hirsch Kalischer）。卡里舍尔是德国犹太人。1848 年欧洲革命之后，他严厉责备犹太人同胞没有复国决心。

随着阿拉伯人对于犹太人定居巴勒斯坦的敌意日益强烈，哈加纳的自卫活动增加了一系列全国范围的犹太军官培训方案，向他们教授防卫技巧。哈加纳得到了一位英国军官的帮助。奥德·温盖特（Orde Wingate）上尉向犹太军官传授怎样先发制人，夜袭阿拉伯村庄实施抓捕。

来自恐怖和攻击的威胁从来没有扼杀犹太人的创造力。希伯来语报纸大量出现。希伯来语作家协会（Hebrew Writers' Association）自豪地见证了一代希伯来语小说家和诗人的崛起，其中包括出生于波兰的纳

坦·奥尔特曼（Natan Alterman）。戏剧和音乐也是一片繁荣。新来的德国移民为音乐的发展作出了重大贡献，很多人加入了 1936 年出生于波兰的布罗尼斯拉夫·胡贝尔曼（Bronislaw Huberman）建立的全部由犹太人组成的巴勒斯坦管弦乐队。胡贝尔曼说服托斯卡尼尼（Toscanini）担任在特拉维夫、耶路撒冷举行的首场音乐会的指挥。

▲英国士兵护送犹太平民走出耶路撒冷旧城的犹太居住区。之前，这里遭受了袭击。两个年纪较大的犹太人和一位犹太教士被枪杀

1937 年皮尔委员会
提出的分治方案

地 中 海

黎巴嫩

叙利亚

大马士革

梅图拉

阿卡

加利利海

海法

太巴列

德拉

阿富拉

贝特谢安

纳布卢斯

佩塔提克瓦

杰拉什

特拉维夫

洛德

拉姆安拉

安曼

雅法

拉姆拉

杰里科

雷霍沃特

耶路撒冷

伯利恒

死 海

外 约 旦

加沙

希伯仑

贝尔谢巴

内 盖 夫
沙 漠

埃 及

佩特拉

马安

西奈沙漠

艾因阿里什

0　　30 英里

0　　40 千米

阿卡巴

审图号"GS（2022）2012号

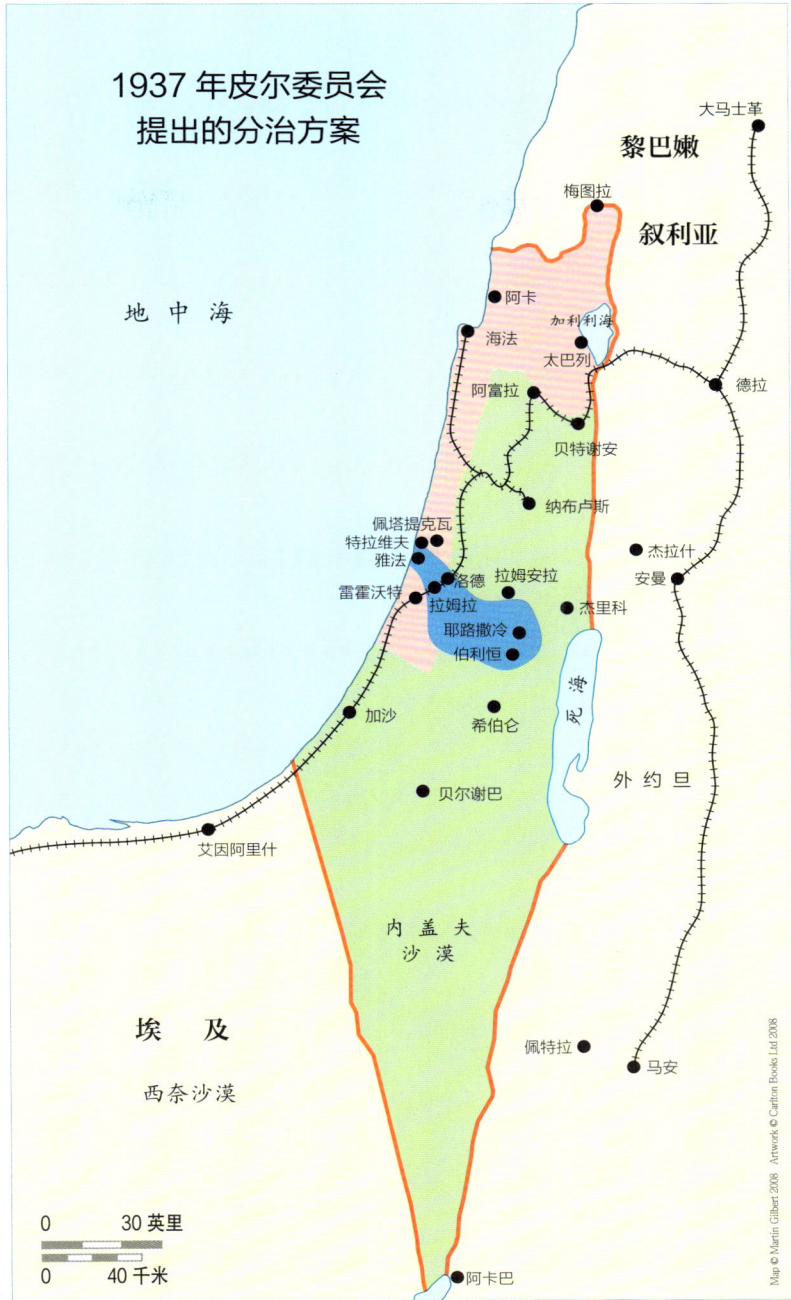

本书地图系原文插附地图

该方案中的犹太国

该方案中由英国继续控制的地区

该方案中的阿拉伯国

巴勒斯坦托管区的边界

1939
犹太人移入规模被限制

即使在1936年阿拉伯人暴力活动空前频繁之际，年轻的犹太先驱者仍在贫瘠的土地上建立定居点，开垦土地，种植庄稼。

俯视伊茨雷埃勒谷地的名为"Ha-Zorea"（意为"播种者"）的基布兹，创建者是150名德国犹太人。在着手创建这个基布兹之前，他们有针对性地接受了两年的专门培训。一年后，来自奥地利的犹太人参与了加利利海东岸名为艾因盖夫（Ein Gev，意为"水池"）的另一个基布兹的建设。30年后，当初的建设者泰迪·科勒克（Teddy Kollek）成为耶路撒冷的市长。

1936年阿拉伯人的暴力活动发生时，巴勒斯坦生活着10万犹太

◀犹太复国运动的领导者中，很多人来自波兰，当他们得知苏德签订《苏德互不侵犯条约》之后，预见到波兰即将丧失独立，波兰300万犹太人的命运将被蒙上浓重的阴影。照片前景中，一头白发的本－古里安双手交叉，魏兹曼的一只手放在前额上

▶ 1938年7月8日，在名为 "Mishmar Ha'Emek" 的一个基布兹，一辆装甲拖拉机在拉犁耕地的同时，提防阿拉伯人的进攻

人，60多万阿拉伯人。阿拉伯人要求巴勒斯坦完全由阿拉伯人管理。他们说，如果他们管理巴勒斯坦，他们会立即禁止犹太人继续迁入巴勒斯坦。

1938年，位于斯科普斯山顶，可以俯视耶路撒冷的哈达萨医院（Hadassah Hospital）建成并投入使用。这标志着巴勒斯坦犹太事业的一大进步。这是中东地区最先进的医院。从一开始，该医院的医疗设施就既向犹太人开放，也向阿拉伯人开放；既向巴勒斯坦居民开放，也向巴勒斯坦之外的阿拉伯国家居民开放，甚至在阿拉伯人针对犹太人的暴力活动激化时也是如此。

泰迪·科勒克（1911—2007）

二战爆发前从维也纳抵达巴勒斯坦之后，泰迪·科勒克就从一个基布兹成员变成了驻伊斯坦布尔的巴勒斯坦犹太人联合会（Jewish Agency）代表。他和同事一起打探有关纳粹蹂躏下的欧洲犹太人的消息，千方百计将受迫害的犹太人转移到安全的地方。

英国政府决定通过大幅限制犹太移民的数量来平息阿拉伯人的不满。1939 年 5 月，英国颁布了一项政府政策文件，即《1939 年关于巴勒斯坦问题白皮书》（1939 Palestine White Paper）。根据该文件，在接下来的五年里，允许移居巴勒斯坦的犹太人将不会超过 5 万人，另外可以由于特殊原因增加 2.5 万个签证，即"巴勒斯坦居住证"。犹太人购买土地的权利也受到大幅限制。

英国的动机是，到 1944 年 5 月，也就是该白皮书颁布五年后，这一地区的自治机构将建立起来，在投票上占多数地位的阿拉伯人将有能力阻止犹太人的继续涌入，这就可以保证犹太人不会成为这一地区的大多数。

政策一出，想要设法获得巴勒斯坦居住证的犹太人，以及德国、奥地利的犹太人几近绝望。他们将这一白皮书称为"黑皮书"，并游行示威，进行抗议。他们向同情犹太人的英国人发出呼吁，希望能够重新打开犹太人进入巴勒斯坦的大门。温斯顿·丘吉尔和少数观点相同的议员支持他们。不过，当时的丘吉尔已经不在政府中任职——他正处于为期十年的在野岁月，但是英国议会大多数人的立场与他相左。

▲在以色列城市阿富拉附近伊茨雷埃勒谷地行军的哈加纳队伍。阿富拉建立于 1925 年，位于一个频繁遭受阿拉伯人袭击的犹太农业区的中心地带。这张照片拍摄于 1939 年 6 月 8 日

▶ 一些德国犹太儿童被"青年阿利亚"（Youth Aliyah）合法地带到巴勒斯坦。1934年2月19日，这些儿童抵达伊茨雷埃勒谷地一个名为"Kibbutz Ein Harod"的基布兹

在德国，一些英国外交人士，如驻柏林的英国签证官福利上尉（Captain Foley）想方设法绕过政府规定，给犹太人发放前往耶路撒冷的签证。数千名没有"巴勒斯坦居住证"的犹太人辗转抵达巴勒斯坦。他们被称为"非法入境者"。很多人在离船登岸时被抓，送入监牢。

《1939年关于巴勒斯坦问题白皮书》颁布不到四个月，德国进攻波

▶ 1939年8月1日，在哈加纳的帮助下，欧洲的犹太难民，即英国法律所谓的"非法入境者"，悄悄地用小艇登陆

弗拉迪米尔·雅布丁斯基
（1880—1940）

耶路撒冷的犹太人在 1920 年的暴力事件中组建了自卫武装后，弗拉迪米尔·雅布丁斯基在 1925 年建立了一个有异于古里安、魏兹曼理念的"修正派"组织。他呼吁犹太人在移居巴勒斯坦、应对暴力活动两个方面更为激进。犹太复国运动赋予了他尚武思想，甚至法西斯倾向。

▶ 刚通过雅法港进入巴勒斯坦的德国青年人跳起了霍拉舞（Hora）。这是一种常见于庆祝婚礼的犹太民间舞蹈

◀ 1938 年 5 月 6 日，位于黎巴嫩边境新建的名为"Hanita"的基布兹的水龙头。两个月前，这个基布兹建成的第一个晚上，遭到了阿拉伯人的袭击

兰，英国对德宣战。巴勒斯坦犹太人意识到，如果德国取胜，巴勒斯坦犹太人的噩梦必将到来。戴维·本-古里安运用高超的政治手腕，于八年后宣布建立以色列国之前，号召巴勒斯坦以色列人"就像没有白皮书那样参加战争，就像没有战争一样反对白皮书"。

英国和巴勒斯坦犹太人既是盟友，同时也是对手。犹太人渴望抗击希特勒，同样渴望看到犹太国的建立。

1939—1945
第二次世界大战

　　1939年二战爆发后，超过3万名巴勒斯坦犹太人自愿加入盟军作战。英联邦战争墓地委员会（Commonwealth War Graves Commission）管理的位于希腊、克里特岛、北美、意大利、北欧的众多犹太烈士墓见证了众多二战中牺牲的犹太军人。

　　在巴勒斯坦，阿拉伯人对人口占少数的犹太人的敌意并没有缓解。除了1941年与英军并肩作战，在黎巴嫩和叙利亚打击法国维希政府的军队之外，哈加纳还增加训练力度，为抵御阿拉伯人全面攻击犹太社区做准备。

　　1942年5月，在纽约比特摩尔饭店（Biltmore Hotel），本-古里安在犹太复国运动的领导会议上公开承诺说，等战争一结束，巴勒斯坦犹太人联合会就会要求国联同意犹太人在巴勒斯坦建立一个拥有独立主权的犹太国家。本-古里安希望将所有大屠杀的幸存者召唤到

▲ 这枚铜制徽章是英国皇家炮兵部队（Royal Artillery）巴勒斯坦军团（Palestinian Regiment）的徽章。该军团组建于1943年的巴勒斯坦。该军团曾在北非、意大利作战

梅纳赫姆·贝京（1913—1992）

　　在西伯利亚劳动营关押两年之后，1943年，梅纳赫姆·贝京（Menachem Begin）随波兰军队辗转进入巴勒斯坦。后来，他离开波兰军队，成为地下武装伊尔贡（Irgun）的指挥官。1944年初，他宣布对巴勒斯坦英军展开"武装斗争"。英国人重金悬赏他的人头，但是一直没有抓到他。

▲ 在战斗间隙的短暂休息时间里，意大利犹太旅（Jewish Brigade）士兵和他们的"吉祥犬"。这些士兵是陆军元帅哈罗德·亚历山大勋爵（Field Marshal Sir Harold Alexander）的部下。他们在意大利各地作战，终结了奥地利的战事

巴勒斯坦来。1942 年夏，最初的大规模反犹屠杀消息传到他耳中的时候，他感觉，被屠杀的犹太人可能多达 100 万，不过至少还有 500 万幸存者。实际上，1945 年 5 月欧洲战争结束之际，犹太人的死亡人数达到了 600 万，幸存者不足 25 万。

在巴勒斯坦，英国犹太人和波罗的海各国的犹太人在巴勒斯坦犹太人联合会购买的土地上兴建了一批定居点，其中包括上加利利（Upper Galilee）的卡法布拉姆。

修正运动的军队伊尔贡（全称为"Irgun Zvai Leumi"，意为"国家军事组织"），领导者是梅纳赫姆·贝京（后来担任以色列总理）。伊尔贡的观点与哈加纳相左，认为应该从英国手中把巴勒斯坦的治理权夺过来。伊尔贡号召巴勒斯坦犹太人反抗英国人。伊尔贡成员开始杀害英国士兵和警察。本 - 古里安愤怒谴责伊尔贡的这些行为，但是伊尔贡并没有停手。后来，一个更为极端的组织在亚伯拉罕·斯特恩（Abraham Stern）的带领下，也经常对英国人实施恐怖袭击，这个组织就是后来

PALESTINE POSTS, TELEGRAPHS & TELEPHONES

تلغراف TELEGRAM מברק

SS SS 165 166 LONDON 47 7 ← VIA IMP =

This form must accompany any enquiry respecting this Telegram

يجب ان يرسل هذا النموذج مع كل استعلام بخصوص هذا التلغراف

את הטופס הזה צריך לצרף לכל הקירה הנגדרת בנידון המברק הזה.

Instructions

Handed in at

Time .... on ....

Received at .... /952/

JERUSALEM 8 AU 43

To   HLT JEWISH AGENCY JERUSALEM

= FOR TABENKIN AND JAARI RECEIVED YESTERDAY MESSAGE FROM CYVIA AND ICCHAK DATED JUNE

22ND SAD NEWS STOP HUNDREDS FROM HECHALUZ AND HASCHOMER FELL FIGHTING STOP FRUMKA

AND MORDECHAI LIVING YOU WILL RECEIVE AFTER FEW DAYS FULL MESSAGE FROM ANDRZEJEWSKI

CABLE RECEIVED =

IGNACY SCHWARZBART =

S26/1298

的莱希（Lehi）。莱希在另一位未来总理伊扎克·沙米尔（Yitzhak Shamir）的带领下，继续进行恐怖袭击。

1944年，一些犹太人自愿参加降落德国后方的伞兵队伍。这一危险行动要完成两个任务：给盟军发送情报；想方设法缓解欧洲大陆被羁押犹太人的困境。这些伞兵中的很多人后来落入德军手中，惨遭折磨后被杀害。汉娜·泽尼斯就是其中之一。1944年11月4日，她在布达佩斯被处死。两个星期后，恩泽·塞雷尼（Enzo Sereni）在达豪被杀害。

为了拯救德占欧洲国家的犹太人，曾经报名参加德占南斯拉夫跳伞队的丘吉尔儿子伦道夫（Randolph）向当时担任英国首相的父亲建议，盟军运送物资的飞机从铁托的反德游击队控制区域返航时，将尽可能多的犹太难民带到意大利基地。丘吉尔将儿子的建议告诉了铁托，后者答应协助。数百名犹太人因此获救。

丘吉尔还决定，1939年5月英国政府关于犹太移民的限制不应该妨碍德占欧洲国家的犹太人前往巴勒斯坦。这样，1944年，超过6 000名犹太人得以辗转前往这个犹太人的民族家园。

▲巴勒斯坦犹太人联合会收到的一封电报。这封电报由在英国的波兰流亡政府中两个犹太职员中的一个发出，接收人是耶路撒冷的巴勒斯坦犹太人联合会。电报上说"数百"犹太年轻人在华沙犹太人隔离区暴动中被杀

▶英国征兵广告。1940 年 9 月，15 个巴勒斯坦犹太营（大约 2 万人）被编入英军部队。1942 年，一个巴勒斯坦师获准进驻北非。犹太人和阿拉伯人都可以加入盟军作战

לבטחונם התגים
JOIN THE ARMY!

▶犹太旅团（又称犹太旅）的徽章，丘吉尔强烈支持这支部队的建立，并允许这支部队佩戴"大卫星"标志

JEWISH BRIGADE GROUP

汉娜·泽尼斯（1921—1944）

出生于匈牙利的汉娜·泽尼斯（Hannah Senesz）在二战前夕抵达巴勒斯坦，加入地中海沿岸一个名叫"Sdot Yam"（音译"斯多特亚姆"，意为"海域"）的基布兹。1944年，她志愿参加了降落德军战线后方的跳伞部队。她降落时身穿英国空军制服，身份是空军上尉"Minnie"。被德军抓住后，受尽折磨后被杀害。

1944年夏，英国允许巴勒斯坦犹太人建立自己的军队，即"犹太旅"。犹太旅可以拥有自己的徽章、大卫星标志。这支部队在意大利战场上和盟军并肩作战，表现出了极大的勇气。

◀ 1944年秋，大屠杀的幸存者乘火车从伊斯坦布尔抵达巴勒斯坦，此前，他们乘船穿过黑海到达伊斯坦布尔。在伊斯坦布尔拿到英国政府提供的通行证之后，立即动身乘火车前往巴勒斯坦

▶ 1945年3月30日，犹太旅团在用口径3英寸的迫击炮向意大利的德军阵地发射炮弹

במאבק

BAMAAVAK

(IN THE STRUGGLE)

בטאון החטיבה היהודית הלוחמת

JEWISH INF. BDE. GP. MAGAZINE

FROM THE BRIGADE COMMANDER

BRIGADIER E.F. BENJAMIN

I am very pleased to welcome the first number of BEMAAVAK, the Jewish Brigade Group magazine, and I wish it every success.

Now that the days of fighting are over, we can turn our thoughts to the more gracious side of life. I know that among the members of the Jewish Brigade Group, there is a wealth of artistic talent and I hope that this magazine will enable those who have literary leanings to give expression to them. I am sure that the editors will have no difficulty in finding sufficient material to fill the available space.

This magazine has no 'official' status in the army sense of the term and every contribution represents only the opinion and views of the writer whose name it bears. Nevertheless I consider it most important that all controversial issues should be avoided and I rely upon the editors to follow this policy when selecting contributions. Despite this restriction, I hope that B E M A A V A K will provide a faithful reflection of the spirit and outlook of the Jewish Brigade Group.

- 1 -

RAMA'AVAK

The publication of "Bamavak" is intended to present to readers the experiences, activities and thoughts of soldiers who were proud to fight under their own flag against the oppressors of their people.

It is regretted that owing to technical difficulties, it has not been possible to publish all the articles both in Hebrew and in English, but we hope that the material here presented will give a picture of life in the Brigade and our feelings at the present time.

At the moment our magazine has to appear both in Hebrew and in English. May we hope that before long it will be possible to print it only in the language of our people for us all to understand?

To all our comrades in the Allied Armies we send greetings. Together we crushed the enemy, together we will raise a new world. The cooperation of so many peoples in the defeat of the common enemy must be extended in the building of the world of tomorrow. May the same spirit of comradeship between nations that existed on the battlefield continue in Peace during the period of reconstruction.

To all our People, wherever they may be, we say "Courage"; the days of agony have passed; let us all work together for the reunion of our scattered ones and their resettlement in Palestine. Let us complete the work of upbuilding our own Land.

— U.M. Our Remnants —

Unity, Liquidation of the Diaspora, Independence - the living echoes that reach us from those surviving Jews in Europe who are alert and struggling to shape their future, testify that from the depth of lacerated souls, a new will has welled up and found expression, a will consecrated by pain and suffering - to make an effort to do away with all differences of opinion in Jewish life and to join all forces for a united effort of national reconstruction. The future of the Jewish People is far from being secure. The remnant of Israel reveals nature qualities, and its will to survive has been canalised by its experiences towards realisation and self-sacrifice, immigration to Eretz, labour, settlement and pioneer expansion, Hebrew culture, mutual help.

- 2 -

DOCUMENTS

Mr. Churchill's announcement

In the course of his statement on the war situation in the House of Commons on Sept. 28th, 1944, Mr. Churchill said:-

"The British Army in Italy includes also Palestinian units... Here I would mention the announcement- which Members may have read and which, I think, will be appreciated and approved - that the Government have decided to accede to the request of the Jewish Agency for Palestine that a Jewish Brigade Group should be formed to take part in active operations. There are vast numbers of Jews serving with our forces and the American forces throughout all the armies, but it seems to me indeed appropriate that a special unit of that race which has suffered indescribable treatment from the Nazis, should be represented in a distinct formation among the forces gathered for their final overthrow, and I have no doubt that they will not only take an active part in the struggle but in the occupation which will follow."

December 22nd, 1944.

Announcement by the German Radio, Bratislava, after the declaration by Mr. Churchill about the creation of the Jewish Brigade Group and its participation as an Army of Occupation in Germany:

"Churchill's announcement of the establishment of a Jewish Brigade which will take part in the Army of Occupation of Germany, entailed sharp criticism in the Slovak press. Churchill, one of the papers notes, wants to allow Jews, like a pack of mad dogs, to fall upon the masses of the German people in case they are defeated. This bloody job would no doubt suit the Jews better than battle at the front.

It was a surprise to find out that the English people and the British Empire have degenerated so low as to allow their prime representative to announce that he will give a free hand to the Brigade of Jewish murderers that it may wreak havoc on the citizens of a European nation.

Every honest Christian and every civilized people will be

- 3 -

profoundly shocked to hear such words from the mouth of a British Prime Minister.

Every possible effort must now be made in order to save Europe from falling into the hands of Jewish anarchists and their helpers."

From General Mark W. Clark.   25th May, 1945.

The following personal letter from General Mark W. Clark, General Commanding, 15th Army Group, has been received by the Brigade Commander:-

My dear Brigadier Benjamin,

The victory in Italy over the German forces was won by a coalition of military forces in the 15th Army Group which are as diverse in origin, perhaps, as in any group of armies ever to take the field. The victory means above all, in my opinion, that devotion to freedom and conviction of righteous purpose are sufficient to weld together combat troops, supporting arms and supply services from many different countries and of many different tongues and customs.

I address this letter to you as the Commander of the Palestinian Forces to ask you to thank all ranks, for me, for the splendid cooperation which you gave in the offensive which forced the Germans into unconditional surrender.

Your operations around Lake Comacchio and south of Route 9 were of great importance in the actions leading to the surrender. It was a privilege to have had you with the 15th Army Group.

Good luck to all of you.

Sincerely,

(Sgd)   MARK W. CLARK,
General, U.S.A.,
Commanding.

- 4 -

נפלו בקרב — KILLED IN ACTION

Moshe Silberberg   M.M.
Fell on March 20, 1945.

He was a stretcher-bearer. I can see him advancing, erect and self-assured, broad-chested, his face nobly expressive, contemptuous of enemy shells, transfigured by his mission - joins forward, helping wounded comrades to get up, bringing comfort and safety to the bleeding, unconscious.

He desired life. He was to die in illness which had almost brought him to his end, when everybody had concluded that there was no further hope for him, his fate sealed ... with his last ounce of strength, clinching his fists gritting his teeth, did not let his soul depart. When he recovered from that illness - (everyone said) wonder! Miracle!! But he, smiling his good-hearted smile, said - "What wonder? What miracle? I desired to live and I held on to life!"

And in the same spirit he also went forth into death, somewhere a wounded man's cry was heard, a cry that cannot be contained, a cry calling, imploring. The stretcher-bearer knows no hesitation, a comrade has fallen! What is awaiting death to him, what is danger, what of the enemy sniper outstretched on his belly over there opposite him, in ambush for his prey - he went forth, I must, he said, and with a smile on his gentle lips - went forth and did not come back. Left behind - wife and - daughter. He is no more.

April 45.   Y.G.

On the 19th of March, in an attack carried out by his Company on the enemy, Moshe distinguished himself as a stretcher-bearer in the battle-field, went into the fire time and time again and under a hail of bullets, he saved the wounded. In the end he remained of his own will in the area of the battle, waiting for the last to return, in order to show them the conduct according to their position. His O.C. when expressed admiration for his courage and recommended him for decoration. On the following day, in a second attack, again he moved his comrades with no thought for himself. Under intensive fire he ran from wounded to wounded, until he was stricken down.

- 5 -

犹太步兵旅团的野战部队杂志

在丘吉尔的坚持下，犹太步兵旅团野战部队杂志于 1944 年秋创刊。图片所示为（战后）第一期杂志的封面和内容。犹太旅团在犹太星旗帜下在意大利作战。

1945—1947
冲突升级

1945年5月德国战败，特拉维夫数万名犹太人上街庆祝，以为希特勒垮台后，犹太国很快就可以建立。

在大屠杀的幸存者中，多达 10 万名犹太人希望在巴勒斯坦生活，尤其是来自被德国占领的波兰、苏联西部地区的犹太人，他们的家人被杀，社区被毁，房子、商店和生计被当地人抢夺，那些人不欢迎他们回去。一千多名犹太人在德国战败后辗转回到波兰家乡，却被先前的邻居杀害。

1945 年 7 月 26 日英国大选结果揭晓后，丘吉尔辞去首相职务，克莱门特·阿特利（Clement Attlee）领导的工党政府掌权，欧内斯特·贝文（Ernest Bevin）担任外交大臣。新政府继续战前对海外犹太人移居巴勒斯坦的限制。英国出动海军拦截企图靠近海岸的船只。

当英国要将乘坐哈加纳"出埃及号"（Exodus）船在巴勒斯坦海岸边

▼ 1946 年 8 月 18 日，英国在塞浦路斯的羁押营。被关押的人（都是纳粹大屠杀的幸存者）举着的一面条幅上写着："打开巴勒斯坦的大门。"

"非法入境者"

1946 年 8 月 到 1947 年 12 月，大约 51 700 名犹太人（大多数是纳粹大屠杀幸存者）抵达巴勒斯坦海岸附近。他们乘坐的 35 条船中有很多船破旧不堪，几乎不适合出海。被英国军舰拦截之后，这些所谓"非法"移民被押送到当时英国控制的塞浦路斯，关入铁丝网包围的羁押营。直到 1948 年 5 月英国在巴勒斯坦的统治结束，这些人才被释放。

▶海法港，1947年10月。英国军人要将"非法"的犹太难民、纳粹大屠杀的幸存者送往塞浦路斯的羁押营

被英国军舰拦截的4000多名"非法"移民、纳粹大屠杀幸存者遣送回德国之际，卸任的美国财政部部长小亨利·摩根索（Henry Morgenthau Jr.）请求美国总统杜鲁门出面干涉，但是，杜鲁门拒绝了。后来，那些难民被三条押送船送回德国，关押在汉堡附近英军控制的一个营地里。

1946年，巴勒斯坦犹太人和英国托管当局的冲突激化。6月16日，哈加纳的精锐部队"帕尔马赫"（Palmach）炸毁了10座公路和铁路桥。6月28日，英国查封了巴勒斯坦犹太人联合会的办公大楼，逮捕了3000名犹太复国积极分子，其中包括伊扎克·拉宾（Yitzhak Rabin）。当时的拉宾是一个年轻军官，后来成为以色列最出色的领导人之一。一天后，英国部队在远离海法的内陆地区卡尔迈勒山脉（Carmel mountains）一个叫"亚古尔"（Yagur）的基布兹查获了哈加纳的一个武器藏匿处。

7月22日，在梅纳赫姆·贝京的策划下，伊尔贡炸毁了巴勒斯坦英国军事总部所在的耶路撒冷大卫王酒店（King David Hotel）侧楼。五层

楼和 25 个房间被炸成废墟。91 个遇难者中有很多是在那里工作或办事的犹太人、阿拉伯人。

1946 年 10 月 6 日，巴勒斯坦犹太人联合会在一夜之间建立了 11 个基布兹，成功地造成"既定事实"。他们选择了犹太日历上最神圣、最意想不到的日子，即人们祈祷和禁食的赎罪日（Day of Atonement），展开这一行动。该联合会的创立者不少是刚从南非、拉丁美洲和保加利亚抵达巴勒斯坦的犹太人。

巴勒斯坦犹太人联合会继续要求英国在犹太城市和村庄集中的区域建立一个犹太国家。虽然遭到联合会的严厉谴责，但是伊尔贡仍然继续攻击英国军人。1947 年 2 月 15 日，英国政府不再想继续在巴勒斯坦驻军——在这之前，他们已经决定从印度撤军——他们宣布，他们将要把这一托管区交回联合国（1945 年之后，国际联盟被联合国取代）。

联合国巴勒斯坦问题特别调查委员会（UNSCOP）考察了欧洲难民

▲ 1946 年 6 月 29 日，英国军队搜查基布兹"亚古尔"的收获。这些查获的武器中有 600 多支步枪、20 门迫击炮，以及大量机枪子弹（位于距离观看者最近的区域）

哈里·杜鲁门（1884 — 1972）

摩根索请求杜鲁门总统准许难民继续留在巴勒斯坦后，杜鲁门在日记中写道："我发现，犹太人很自私，非常自私，他们根本不考虑那么多爱沙尼亚人、拉脱维亚人、芬兰人、波兰人、斯拉夫人、希腊人被杀害，或被当成难民粗暴对待，他们只管自己得到特殊照顾就行。"

▼一名英国士兵押着两名因为在 1947 年 12 月 22 日发生在雅法的阿以冲突期间携带枪支和爆炸物而被抓获的哈加纳成员

营里的大屠杀幸存者。1947 年 9 月 1 日，如同十年前皮尔率领的调查委员会，特别调查委员会向联合国提议，建立两个独立的主权国家，一个是犹太国家，一个是阿拉伯国家。另外，耶路撒冷及其周边地区，包括阿拉伯人占多数的伯利恒，仍由联合国管理。

1946 年 7 月 22 日，大卫王酒店南部侧楼发生爆炸。英国士兵正在搜寻废墟中的受害者

NO PARKING
אסור חנייה

美国总统哈里·杜鲁门的日记

　　哈里·杜鲁门 1947 年的日记，从中可以看到 7 月 21 日那天记录的内容。杜鲁门接到了已卸任的财政部部长小亨利·摩根索的电话。后者极为担心"帝国对手号"（Empire Rival）船上难民的命运。根据英国外交大臣欧内斯特·贝文的命令，那艘船将把战争结束两年来生活在欧洲难民营的犹太难民送回欧洲。

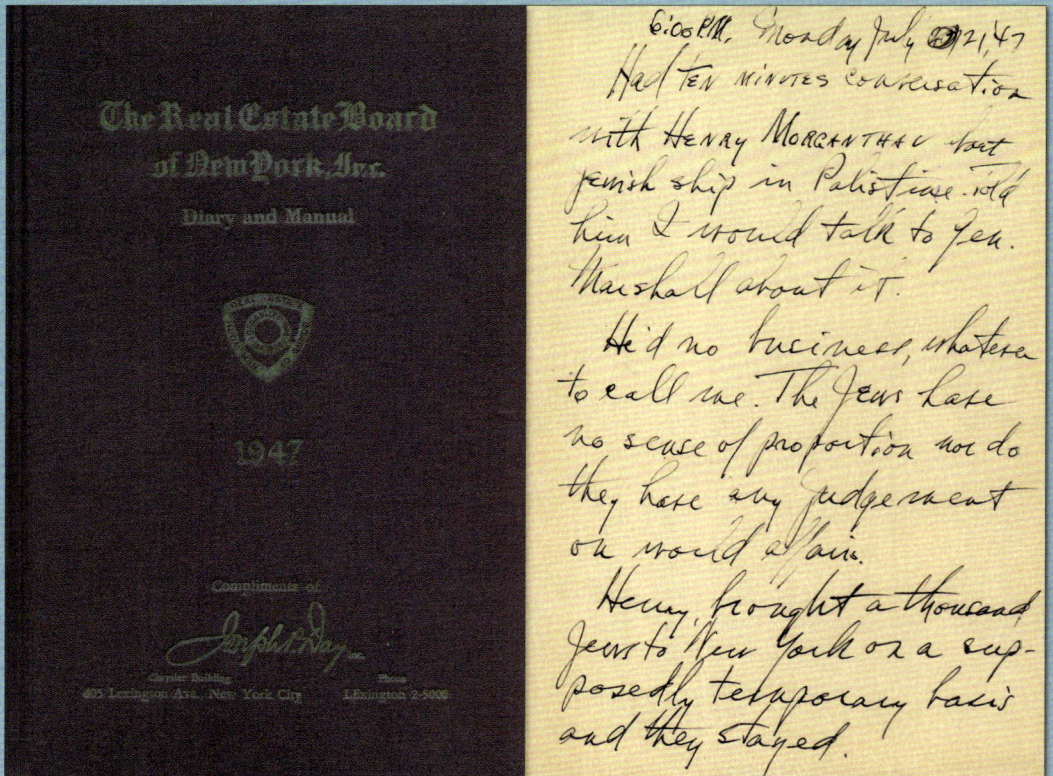

When the country went backward — and Republican in the election of 1946, this incident loomed large on the D.P. program.

The Jews, I find are very, very selfish. They care not how many Estonians, Latvians, Finns, Poles, Yugoslavs or Greeks get murdered or mistreated as D.P. as long as the Jews get special treatment.

Yet when they have some, physical, financial or political neither Hitler nor Stalin has anything on them for cruelty or mistreatment to the under dog. Put an underdog on top and it makes no difference whether his name is Russian, Jewish, Negro, Management, Labor, Mormon, Baptist he goes haywire. I've found very, very few who remember their past condition when prosperity comes.

Look at the Congress attitude on D.P. — and they all come from D.

幸存者的身份证明书

　　1947 年 11 月 25 日开具的这些证明书，证明持有者是因乘"出埃及号"船"非法"进入巴勒斯坦，后被英国遣送的大屠杀幸存者。这些被捕者被遣送回欧洲后关在德国波彭多夫（Poppendorf）的一个羁押营里。

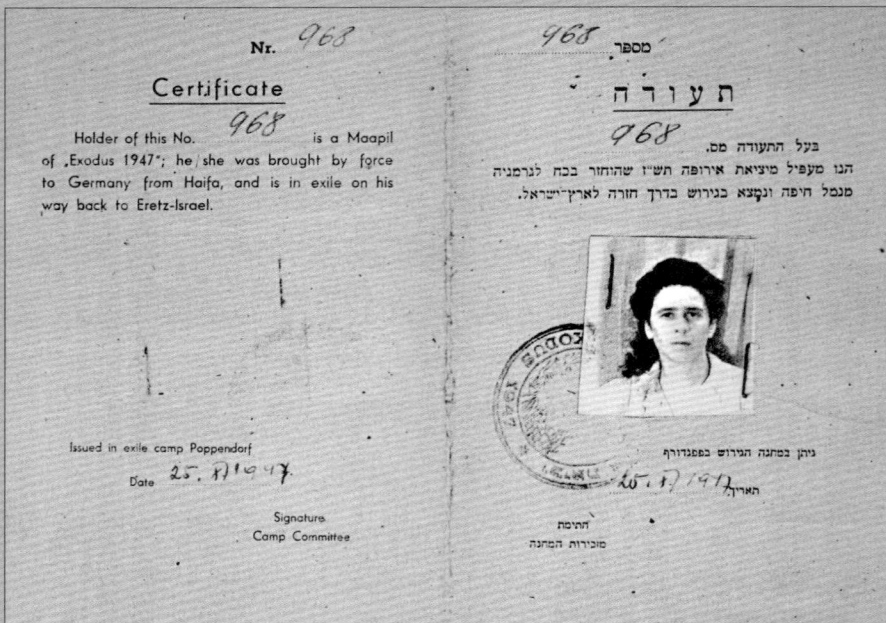

969

תעודה

יציאת אירופה תש״ז

CE ? TIFICATE

exodus 1947

ל-3 ה,0,31, ץ

Nr. *969*

Certificate

969

Holder of this No. *969* is a Maapil of „Exodus 1947"; he/she was brought by force to Germany from Haifa, and is in exile on his way back to Eretz-Israel.

Issued in exile camp Poppendorf

Date *25. XI 1947.*

Signature
Camp Committee

מספר *969*

ת ע ו ד ה

בעל התעודה מס. *969*

הנו מעפיל מיציאת אירופה תש״ז שהוחזר בכח לגרמניה מנמל חיפה ונמצא בגירוש בדרך חזרה לארץ-ישראל.

ניתן במחנה הגירוש בפפנדורף

25. XI 1947. התאריך

חתימת
מזכירות המחנה

耶路撒冷的巴勒斯坦犹太人联合会发出的一封电报

电报发出的日期是1947年8月26日。这封电报极为关切地告知联合国各成员国，先前未经英国批准而进入巴勒斯坦的4400名犹太移民将被遣送回德国。

Telegramm — Télégramme — Telegramma

92   + 05292 JERUSALEM W344 169 25/8 160 = VIA INPL

Erhalten — Reçu — Ricevuto   25 Aug 1947   Befördert — Transmis — Trasmesso

Bern   113

Aktionscomité der Jewish Agency
for Palestine Lavaterstr, 37
= NLT = EISENBERG   Zimmer 2o4
ZIONCONFERENCE ZURICH =
Brieftelegramm Per Post

FOLLOWING CABLE DESPATCHED ALL MEMBER STATES UNO EXCEPT UK
AND ARAB STATES ALSO TRYGVIE LIE QUOTE JEWISH AGENCY COMMA
INTERNATIONALLY RECOGNISED REPRESENTATIVE OF JEWISH PEOPLE
COMMA DESIRES URGENTLY INVITE YOUR ATTENTION TO BRITISH ACTION
IN DEPORTING FOUR THOUSAND FOUR HUNDRED JEWISH REFUGEES TO
GERMANY COMMA THE (

Telegramm — Télégramme — Telegramma

COUNTRY FROM WHICH MOST OF THEM FLED AS RESULT THEIR
SUFFERINGS THERE STOP WE ARE CONFIDENT THAT ENTIRE CIVILIZED
WORLD JOINS JEWISH PEOPLE IN HORROR AT THIS VINDICTIVE ACTION
COMMA WHICH IS ILLEGAL IN VIEW OF BRITAINS OBLIGATION UNDER
INTERNATIONAL LAW TO FACILITATE JEWISH IMMIGRATION INTO
PALESTINE COMMA AND INHUMAN (

Telegramm — Télégramme — Telegramma

AND IMMORAL IN VIEW OF PARTICULAR CIRCUMSTANCES OF GERMANY
THE GRAVEYARD OF SO MANY MILLIONS OF JEWS STOP WE IMPLORE YOU
AND OTHER UNITED NATIONS INTERVENE IN EFFORT PREVENT THIS CRIME
AGAINST HUMANITY PERPETRATED BY ONE OF MIGHTIEST POWERS ON
EARTH AGAINST WEAK HELPLESS GROUP OF MEN WOMEN CHILDREN ANXIOUS
, ONLY SECURE THEIR FREEDOM AND FUNDAMENTAL HUMAN RIGHTS
UNQUOTE INFORM GENEVA MYERSON EXECUTIVE THE JEWISH AGENCY FOR
PALESTINE JERUSALEM +

CT NLT +

Jewish Children

Belsen
Dead

Givat Brenner, Palestine

"LEST WE FORGET"
Daily Mail Publication:

"We may shudder but we dare not turn away. This generation has supped full of horrors, it wants to have done with them, to work for a brighter better, and happier future".

MEN
OF THE 6th AIRBORN DIVISION!

Men of Normandy—you have seen the suffering of the Jews in Europe, in Belsen and other concentration camps, which you have helped to liberate

Do you realise that you have been brought to Palestine to prevent the miserable survivors from coming home to join their husbands, wives, children, brothers and sisters ?

SOME OF THE SURVIVORS IN BERGEN-BELSEN DAILY MAIL PHOTO

犹太复国运动的宣传单

　　宣传单的散发对象是英国第六空降师。传单说，他们被派到巴勒斯坦，任务是"阻止那些可怜的幸存者重返家园"。

1947—1948
遭受攻击

1947年11月29日，联合国大会在其有史以来最早、最有权威的一份决议中，投票表决成立两个独立的主权国家取代巴勒斯坦托管区，一个是犹太国家，一个是阿拉伯国家。

投票结果是 33∶13。包括英国在内的 10 个国家弃权。美国和苏联都支持建立两个国家。全部七个独立的阿拉伯国家，以及四个非阿拉伯国家（阿富汗、伊朗、巴基斯坦、土耳其）都反对这一方案。他们希望整个巴勒斯坦（包括那片土地上的 50 万犹太人，及其城镇、乡村）都置于阿拉伯人和穆斯林的统治之下。

▼ 1948 年 2 月 22 日，耶路撒冷犹太人居住区发生三颗炸弹连环炸事件，人们纷纷逃离现场。52 名犹太人在爆炸中丧生。爆炸发生时，他们中的大多数人还在睡梦中。驾驶炸弹卡车的是为阿拉伯人做事的三名英军逃兵

▲ 在巴勒斯坦托管区最后的几个月里，英国士兵将涉嫌袭击耶路撒冷英国士兵和军事设施的人集中在一起

让犹太人、阿拉伯人都感到极为不快的是，联合国的这一决议将耶路撒冷排除在两个新建国家之外。那座圣城，以及城市周围一大片犹太人和阿拉伯人杂居的土地，即将成为一个特殊的实体——"耶路撒冷独立个体"（Corpus Separatum），继续由联合国管理。

和十年前的情况一样，巴勒斯坦的阿拉伯人，在周边的埃及、沙特阿拉伯、伊拉克等独立国家的支持下，反对犹太人在这一地区建立任何犹太国家，即使那些犹太居民数量占优势的地方，也不允许。

在 1947 年联合国决议通过的当天，巴勒斯坦各地爆发了针对犹太人严重的人身攻击。走在公路上的犹太人尤其会被人打冷枪或被手持凶器的人围殴。随着死亡人数的增加，犹太人展开了报复行动。一场内战开始了。英国 5 月撤军（联合决议通过 6 个月后）之前，竭力维持当地治安。

英国外交大臣欧内斯特·贝文仍旧拒绝大屠杀的幸存者进入巴勒斯坦：1948 年 2 月，1.4 万名犹太人被英国海军拦截，并送到设在塞浦路斯的羁押营。

战争终于爆发。阿拉伯人攻击犹太村庄，犹太人攻击阿拉伯人村庄和城镇。犹太军人占领了耶路撒冷西部郊区的好几个住宅区。阿拉伯军队切断了耶路撒冷进出海上的通道。犹太军人——主要来自哈加纳，也

阿拉伯人对犹太城市的攻击（1947—1948）
黎巴嫩
叙利亚
地中海
外约旦
加利利海
死海
卡法索德
胡拉塔
耶西阿姆
罗什平纳
萨费德
阿卡
金诺萨尔
海法
太巴列
哈达尔哈卡梅尔
米齐帕
艾因哈罗德
艾因加扎勒
阿富拉
艾因哈那齐
宾亚米纳
斯德伊
里雅胡
杰宁
哈代拉
蒂拉特茨韦
图勒凯尔姆
图巴斯
泰勒蒙德
卡法萨巴
萨拉梅
埃法尔
佩塔提克瓦
特拉维夫
雅法
亚祖尔
霍隆
利德
本舍门
拉姆拉
阿布高什
亚夫内
拉姆安拉
雷霍沃特
阿塔洛特
费卢杰
胡尔达
耶路撒冷
盖代拉
卡斯特
西尔万
卡法尤赖厄
莱特龙
贝特塞法法
尼赞尼姆
哈尔图夫
卡法伊茨恩
巴卜沃德
希伯仑
加沙
阿卢米姆
米什马尔内盖夫
盖乌罗特
哈泽瑞姆
贝尔谢巴
哈鲁扎
0 20 英里
0 30 千米
Map © Martin Gilbert 2008 Artwork © Carlton Books Ltd 2008

审图号：GS（2022）2012号

本书地图系原文插附地图

巴勒斯坦托管区边界（1922—1948 年）

犹太人受到攻击的重要公路干线

阿拉伯人对犹太人发起攻击的城市、村庄和公路（1947 年 11 月 30 日至 1948 年 3 月 31 日）

审图号：GS（2022）2012号

本书地图系原文插附地图

阿拉伯人在通向耶路撒冷的公路上发动的攻击（1948 年）

阿拉伯人在通向耶路撒冷的路上对犹太人的
车辆发动的攻击，1948 年 4—5 月

阿拉伯人切断主要公路拉姆拉一段
之后犹太人前往耶路撒冷的公路

阿拉伯人切断主干路之后修建的"滇缅公路"

　　有伊尔贡的士兵——占领了好几座阿拉伯人集中的城镇，其中包括伊茨雷埃勒谷地的贝散和地中海岸边的凯撒里亚。成千上万的阿拉伯人逃往黎巴嫩、外约旦和叙利亚。

　　阿拉伯人和犹太人的暴力活动迅速增加。4 月 9 日，伊尔贡为了将放冷枪的阿拉伯人从阿拉伯人集中的可以俯视进出耶路撒冷公路的代尔亚辛村赶出去，打死了 200 多名村民，其中大多数是女人和孩子。6 天后，在通往斯科普斯山顶哈达萨医院的公路上，多名阿拉伯枪手伏击了运送

▼ 1948年7月4日，在妻子波拉（Paula）的陪伴下，新成立的以色列国的总理戴维·本－古里安（中间，穿正装）向最后一批离开这一"圣地"的英军士兵道别。一名英军军官向他和他身后那面新的以色列国旗敬礼

犹太医生、护士和病人的车队，打死77人。不到6个月，数千名犹太人、数千名阿拉伯人丧生，一部分人死于双方的报复行动，其他人则死于双方的激烈交火。

► 1947 年 12 月 2 日，在联合国 11 月 29 日投票同意在巴勒斯坦建立犹太人国家和阿拉伯国家之后，阿拉伯反对者在耶路撒冷的犹太人商业中心大肆抢劫、纵火

► 1948 年 5 月 14 日，戴维·本－古里安在特拉维夫博物馆的大厅里宣读了独立宣言。在他的正上方，是一张西奥多·赫茨尔的巨幅照片。在他的左上方，是以色列国旗的象征——大卫星图案

　　在 5 月份的第一个星期里，英国士兵从海法上船，离开巴勒斯坦。巴勒斯坦各地的英国国旗被人拔除。5 月 14 日下午，在特拉维夫的一个剧院里，本－古里安宣布以色列国成立。在他发言的主席台背景上，是一张西奥多·赫茨尔的巨幅照片。赫茨尔 50 年前的犹太建国梦终于成为现实。

戴维·本－古里安的演讲稿

　　1948 年 5 月 14 日，作为新成立的以色列国的第一任总理，戴维·本－古里安宣布以色列国成立之后，朗读了这份希伯来语演讲稿。（译文参见本书第 212—213 页）

בארץ ישראל קם העם היהודי, בה עוצבה דמותו הרוחנית,
הדתית והמדינית, בה חי חיי קוממיות ממלכתית, בה יצר נכסי
תרבות לאומים וכלל-אנושיים והוריש לעולם כולו את ספר
הספרים הנצחי.

לאחר שהוגלה העם מארצו בכוח הזרוע שמר לה אמונים בכל
ארצות פזוריו, ולא חדל מתפלה ומתקוה לשוב לארצו ולחדש בתוכה
את חירותו המדינית.

מתוך קשר היסטורי ומסורתי זה חתרו היהודים בכל דור
לשוב ולהאחז במולדתם העתיקה; ובדורות האחרונים שבו לארצם
בהמונים, וחלוצים, מעפילים ומגינים הפריחו נשמות, החיו
שפתם העברית, בנו כפרים וערים, והקימו ישוב גדל והולך
השליט על משקו ותרבותו, שוחר שלום ומגן על עצמו, מביא
ברכת הקידמה לכל תושבי הארץ ונושא נפשו לעצמאות ממלכתית.

בשנת תרנ'ז (1897) נתכנס הקונגרס הציוני לקול קריאתו
של הוגה חזון המדינה היהודית תיאודור הרצל והכריז על זכות
העם היהודי לתקומה לאומית בארצו.

זכות זו הוכרה בהצהרת בלפור מיום ב' בנובמבר 1917
ואושרה במנדט מטעם חבר הלאומים, אשר נתן במיוחד תוקף בין
לאומי לקשר ההיסטורי שבין העם היהודי לבין ארץ-ישראל ולזכות
העם היהודי להקים מחדש את ביתו הלאומי.

השואה שנתחוללה על עם ישראל בזמן האחרון, בה הוכרעו לטבח
מיליונים יהודיך באירופה, הוכיחה מחדש בעליל את ההכרח בפתרון
בעית העם היהודי מחוסר המולדת והעצמאות על ידי חידוש המדינה
היהודית בארץ-ישראל, אשר תפתח לרווחה את שערי המולדת לכל יהודי
ותעניק לעם היהודי מעמד של אומה שוות-זכויות בתוך משפחת העמים.

בצרת הלילה מ ניצלה מהטבח הנאצי האיום ב ירושר ויהודי 8
ארצות אחרות לא חדלו להפיל לארץ ישראל, על אף כל קשי, סכנה 12
וסכנה, ולא פסקו לתבוע את זכות לחיי כבוד, חירות ועמל-יצרים 11
במולדת עמם. 2

במלחמת העולם השניה, תרם הישוב העברי בארץ את מלוא-חלקו 11
למאבק האומות, הסוחרות חירות ושלום נגד כוחות הרשע הנאצי, ובדם 10
חייליו ובמאמצו המלחמתי קנה לו את הזכות להמנות עם העמים מייסדי
ברית האומות המאוחדות. 16

ב-29 בנובמבר 1947 קיבלה עצרת האומות המאוחדות החלטה
המחייבת הקמת מדינה יהודית בארץ-ישראל; העצרת תבעה מאת תושבי
ארץ ישראל לאחוז בעצמם בכל הצעדים הנדרשים מצדם הם לביצוע
ההחלטה. הכרה זו של האומות המאוחדות בזכות העם היהודי להקים את
מדינתו אינה ניתנת להפקעה. 44

זוהי זכותו הטבעית של העם היהודי להיות ככל עם ועם עומד
ברשות עצמו במדינתו הריבונית. 15

לפיכך נתכנסנו, אנו חברי מועצת העם, נציבי הישוב העברי
והתנועה הציונית, ביום סיום המנדט הבריטי על ארץ-ישראל, ובתוקף
זכותנו הטבעית וההיסטורית ועל יסוד החלטת עצרת האומות המאוחדות
אנו מכריזים בזאת על הקמת מדינה יהודית בארץ-ישראל, היא 38
מ ד י נ ת י ש ר א ל.

אנו קובעים שהחל מרגע כיום המנדט, הלילה, אור ליום שבת
ו' אייר תש"ח, 15 במאי 1948, ועד להקמת השלטונות הנבחרים
והסדרים של המדינה בהתאם לחוקה שתיקבע על-ידי האספה המכוננת
הנבחרת לא יאוחר מ-1 באוקטובר 1948 — תפעל מועצת העם כמועצת מדינה
זמנית, ומוסד הביצוע שלה, מנהלת-העם, יהווה את הממשלה הזמנית 55
של המדינה היהודית, אשר תיקרא בשם י ש ר א ל.

מדינת ישראל תהא פתוחה לעליה יהודית ולקיבוץ גלויות;
תשקוד על פיתוח הארץ לטובת כל תושביה; תהא מושתתה על
יסודות החירות, הצדק והשלום לאור חזונם של נביאי ישראל;
תקיים שויון זכויות חברתי ומדיני גמור לכל אזרחיה בלי הבדל
דת וגזע ומין; תבטיח חופש דת, כצפון, חינוך ותרבות; תשמור
על המקומות הקדושים של כל הדתות; ותהיה נאמנה לעקרונותיה
של מגילת האומות המאוחדות.

מדינת ישראל תהא מוכנה לשתף פעולה עם המוסדות והנציגים
של האומות המאוחדות בהגשמת החלטת העצרת מיום 29 בנובמבר 1947
ותפעל להקמת האחדות הכלכלית של ארץ ישראל בשלמותה.

אנו קוראים לאומות המאוחדות לתת יד לעם היהודי בבנין
מדינתו ולקבל את מדינת ישראל לתוך משפחת העמים.

אנו קוראים – גם בתוך התקפת–הדמים הנערכת עלינו זה
חדשים – לבני העם הערבי תושבי מדינת ישראל לשמור על השלום
וליטול חלקם בבנין המדינה על יסוד אזרחות מלאה ושוה ועל
יסוד נציגות מתאימה בכל מוסדותיה, הזמניים והקבועים.

אנו מושיטים יד שלום ושכנות טובה לכל המדינות השכנות
ועמיהן, וקוראים להם לשיתוף פעולה ועזרה הדדית עם העם העברי
העצמאי בארצו. מדינת ישראל מוכנה לתרום חלקה במאמץ משותף
לקידמת המזרח התיכון כולו.

אנו קוראים אל העם היהודי בכל התפוצות להתלכד סביב הישוב
בעליה ובבנין ולעמוד לימינו במערכה הגדולה על הגשמת שאיפת
הדורות לגאולת ישראל.

מתוך בטחון בצור ישראל הננו חותמים בחתימת ידינו לעדות
על הכרזה זו, במושב מועצת המדינה הזמנית, על אדמת המולדת, בעיר
תל–אביב, היום הזה, ערב שבת, ה' אייר תש"ח, 14 במאי 1948.

1948
耶路撒冷被围

从 1948 年 5 月 14 日以色列宣布独立那一刻起，耶路撒冷就在阿拉伯军队的包围中。后者坚决要将这一犹太国家扼杀在襁褓中，切断这一主要城市和以色列其他地区的联系。

连接耶路撒冷和以色列其他地区的唯一通道是一条从犹大山蜿蜒而下，一直通到海边的狭窄公路。这条公路已被阿拉伯士兵切断。这条被称作"耶路撒冷走廊"的公路经常成为袭击与反袭击的战场。

伴随着以色列的独立，以色列国防军（IDF）的陆军、海军和空军宣告诞生。哈加纳，这一独立前以色列的防卫部队成为国防军的一部分。国防军中的精锐部队驻扎在耶路撒冷城内。他们参加的第一次大规模战斗发生在那座城市的南部边缘。在那里，从西奈沙漠向前推进约 125 千米的埃及军队占领了耶路撒冷唯一的基布兹——拉马特拉（Ramat Rahel）。

以色列军队两次夺回拉马特拉，又两次被打退。后来，一直在耶路

伊加尔·雅丁（1917—1984）

伊加尔·雅丁（Yigael Yadin）出生于耶路撒冷，接受过考古学专业训练。1933 年加入哈加纳之后，在以色列独立战争中脱颖而出，多次担任军事指挥官。1949—1952 年，担任以色列国防军总参谋长，重组了以色列的常备军和义务兵役制度。回归学术生涯之后，他成为死海古卷的主要翻译人和米吉多（Megiddo）、马萨达（Masada）等古代遗址挖掘工作的组织者。1977 年，他进入政界，担任新成立的民族变革运动（Democratic Movement for Change）的领导者。1977 年，在与埃及进行和平谈判时，梅纳赫姆·贝京和他分别担任以色列正、副总理。

通往纳布卢斯

雅鲁　　贝特努巴　　库贝巴　　阿塔洛特
比达　　埃尔吉博
奈比萨缪尔　　贝特哈尼纳　　内韦亚考夫
代尔艾尤卜　　马阿莱哈哈米沙　　舒阿法特
通往海岸平原　　科雅特阿纳维姆　　贝特奴库巴　　以萨维亚
塞里斯　　卡斯特　　科洛尼亚　　贝特以色列　　哈达萨医院
贝特迈赫西尔　　埃尔乌莫　　莫察　　希伯来大学
卡斯拉　　贝尔乌姆　　代尔阿莫　　苏巴　　里哈维亚　　伊特托尔
埃尔劳兹　　萨塔夫　　卡塔芒　　埃尔伊扎里亚
艾因克雷姆　　埃尔马利哈
埃尔基拉　　旧城的犹太聚居区　　通往杰里科
塔尔帕特　　阿布迪斯
沙拉法特　　拉马特拉
巴蒂尔　　拜特贾拉　　苏尔巴希尔
胡萨恩　　伯利恒
贝特萨哈
乌尔塔斯
艾因曲里姆
勒瓦迪姆
苏里夫
马索特伊茨哈克　　木格达尔伊达尔
卡法伊茨恩
拜特乌马尔
通往希伯仑

0　　2英里
0　　3千米

本书地图系原文插附地图

1948年5月15日顽强抵御阿拉伯军队围攻，被完全切断海上通路的犹太人居住区

第一次停火和第二次停火之间以色列军队和阿拉伯军队的对峙线

第一次停火和第二次停火之间被以色列军队占领的地区

1948年10月以色列部队占领的区域

1948年5—6月，以色列部队占领、阿拉伯人放弃的郊区住宅区和村庄

抵抗阿拉伯军队围攻的犹太郊区住宅区

1948年5—6月，被阿拉伯军队占领的郊区犹太住宅区和村庄

1948年被外约旦占领的阿拉伯村庄，以及1967年之前约旦的组成部分

撒冷走廊作战的新组建的哈雷尔旅（Harel Brigade）将埃及军队赶了回去。今天，双方当年在拉马特拉的战壕仍然清晰可见。当时哈雷尔旅的指挥官就是后来以色列的总理伊扎克·拉宾。他的麾下有不少外国志愿者，其中包括来自英国、加拿大和美国的犹太人。

在特拉维夫北部的以色列总参谋部总部，进行着一场异常激烈的争论。参谋长伊加尔·雅丁认

▲哈加纳精锐部队"帕尔马赫"的装甲车。为了隐蔽，在没有灯光的环境里，装甲车的两个大灯要遮盖起来

为以色列军队的人数和武器装备都不足以将阿拉伯军队从耶路撒冷走廊驱逐出去，或打退阿拉伯军队对耶路撒冷的包围。以色列总理戴维·本－古里安则持相反观点，命令新组建的第七旅执行这一任务。

雅丁指出，第七旅中比例高达四分之一的战士是刚刚从英国设在塞浦路斯的羁押营抵达巴勒斯坦的大屠杀幸存者。很多人从来没有打过枪，很多人连一个希伯来语单词也不会说，而希伯来语是他们指挥官用的语言。整个部队没有一台无线电发报机。

▶耶路撒冷被包围时期，阿拉伯军团的士兵严密注视着耶路撒冷。照片拍摄于1948年1月1日

本-古里安认为，以色列必须击溃阿拉伯人对耶路撒冷的包围，推测第七旅是唯一没有投入到其他几个战场的战斗部队。其中一个战场距离特拉维夫仅约 12 千米。

5 月 25 日，第七旅投入战斗，进攻耶路撒冷走廊位于莱特龙的南部通道入口。这里曾是英国警察驻守的要塞。在这场战斗中负伤的第七旅战士中，有后来成为以色列一流画家的大屠杀幸存者阿维格多·阿立卡（Avigdor Arikha），以及后来改名为阿里埃勒·沙龙的阿里埃勒·沙因纳曼（Ariel Scheinermann）。5 天后，第二次大规模反击也失败了，莱特龙仍然控制在阿拉伯人手中，直到1967 年。

▲犹太旧城犹太人聚居区的胡瓦（Hurva）会堂。在约旦占领东耶路撒冷期间，毁于阿拉伯军团炮弹之后被拆除

为了绕过耶路撒冷公路上莱特龙这个钉子，以色列着手修建另一条穿越山地和森林的公路。这条公路仿照二战期间从缅甸穿越山地通往中国的重要公路，被称为以色列的"滇缅公路"（见第 91 页地图）。它最终将弹药、部队和至关重要的粮食和水运入耶路撒冷，让阿拉伯人的包围计划破产。

◀ 1948 年 5 月 28 日，阿拉伯军团士兵押着从耶路撒冷旧城抓获的犹太人进入囚禁地点

General Instructions for 7th Brigade

1. 7th Brigade will remain in position and continue to participate in the main objective to open the road. It can best do it by remaining in position, attracting fire to it and diverting enemy fire from assault forces.

2. 7th Brigade will designate a liaison O. to report to Div. at ECRON by 2100 Hours for instructions. He should be able to arrange for wireless communications from Div. to Brigade.

3. A - Q, Security responsibilities for Support Weapons, Art'y remain with Brigade, OP's are transferred to Div — exception DF's

4. Div. Reserve is at SARAFEND under MULLA (3 Bn) Warning notice: Contemplate to move reserve to vicinity of 7th Brigade on SUNDAY, - will advise further.

5- JUNE
1030

马库斯上校的命令

　　1948 年 6 月 5 日，经历过二战的美国老兵米基·马库斯（Micky Marcus）上校下达了命令。当时他是耶路撒冷前线以色列国防军指挥官。下达这一命令 5 天后的一个晚上，马库斯上校因为忘记口令被以色列哨兵误认为是阿拉伯士兵而开枪打死。

埃丝特·凯琳戈尔德（Esther Cailinggold）的遗信

　　1948 年 5 月 23 日，就在埃丝特·凯琳戈尔德遇难前不久，她给身在英国的父母和家人写的一封信。她在信的下面用希伯来文写道："祝平安，再会。"后来，她死在阿拉伯军团的野战医院里。

enjoyed it. I hope you may have a chance of meeting some of my co-fighters who survive, if I do not, and that you will pleased and not sad of how they talk of me. Please, please do not be sadder than you can help - I have lived my life fully if briefly, and I think that it the best way - "short and sweet", Very sweet it has been here in our own land. I hope that you will enjoy from ... & ... the satisfaction that you worked in me - let it be without regrets, and then I too shall be happy. I am thinking of you all, every single one of you in the family, and am full of pleasure at the thought that you will one day, very soon I hope, come and enjoy the fruit of that for which we are fighting.

Much, much love, be happy and remember me only in happiness,

Your loving Esther.

埃丝特·凯琳戈尔德（1926 — 1948）

阿拉伯军团猛烈进攻耶路撒冷城中历史最为悠久的犹太人生活区之际，22 岁的埃丝特·凯琳戈尔德是抵抗队伍中的一员。在约旦的一所野战医院里，弥留之际的她在给父母的信中写道："我已经感受到了地狱的味道，不过这是值得的，因为我坚信，这将催生一个犹太国家，实现我们所有的希望。我一生无悔，并且很高兴置身于我们自己的国家。"

1948—1949
独立战争

　　从1948年5月14日以色列独立后最初的几个钟头开始，以色列就在紧张应战。包括伊拉克在内的5个阿拉伯国家，同时派兵进入以色列边界。埃及还派飞机轰炸特拉维夫。

　　不仅耶路撒冷被包围，其他几个以色列城镇也被切断了与其他犹太地区的联系。第二次世界大战之前由纳粹德国难民建造的城市纳哈里亚（Nahariya）只能通过海路与特拉维夫保持联系。在陆地上，阿拉伯军队从东面推进到距离特拉维夫不到10千米的地方。

　　关系以色列存亡的威胁来自北面。叙利亚步兵和坦克从戈兰高地出发，穿过约旦河，摧毁了沿途的几个犹太村庄，抵达距离代加尼亚基布兹咫尺之遥的地方。5月20日，叙利亚军队在那里受到阻击，无法前进。至今，在距离这一基布兹不远的地方，还可以看到当年被摧毁的叙利亚坦克。这是为了纪念那场战斗特意留在那里的。

独立战争中的伊扎克·拉宾

　　独立战争爆发后，拉宾是新组建的负责保卫耶路撒冷走廊的哈雷尔旅（Harel Brigade）司令官。这个旅是哈加纳的精锐部队"帕尔马赫"的一部分。后来，哈雷尔旅击溃了占据耶路撒冷通往海边一段公路的阿拉伯部队。耶路撒冷旧城的犹太居民放弃抵抗之后，拉宾打算从东部发动钳形攻势，夺回旧城。但是，上级没有批准这一方案。直到1967年，他成为以色列国防军总参谋长后，才得以将这一方案付诸实施。

► 1948 年，一架埃及军队的"喷火"战斗机被布置在特拉维夫北部海尔兹利亚（Herzliya）的防空火力击落

▼ 两名哈加纳战士在特拉维夫和雅法之间的地方向敌人射击。1948 年 5 月 14 日，哈加纳占领雅法。当地 7 万多名阿拉伯居民，逃得只剩下 4100 人

相对来说，以色列国防军在兵力和火力配备方面都略逊一筹，不过，事情很快有了转机。以色列从捷克斯洛伐克购买了 30 架梅塞施米特战斗机。这些飞机第一次显露身手是在第一批的 4 架飞机刚抵达以色列之际。5 月 29 日，这 4 架飞机升空，打击集结在距离特拉维夫不到 32 千米处准备发动进攻的埃及军队。

以色列还购买了多架被誉为"飞行堡垒"体积庞大火力威猛的"B-17"轰炸机。志愿飞行员迅速驾驶这些轰炸机飞越大西洋、地中海，轰炸远至阿曼、大马士革的阿拉伯军队集结处。先前的一艘偷渡船被改装成战舰，进攻加沙附近海面上的埃及运兵船。在加沙地带北部，埃及军队和坦克包围了波兰移民于 1943 年建立的基布兹"亚德莫狄凯"（Yad Mordechai）。战斗持续 5 天后，埃及部

▲ 1948 年 10 月 23 日，以色列国防军士兵在等待向进入位于内盖夫地区费卢杰埋伏圈的埃及部队开枪的命令。耗时两个多月，以色列军队将埃及军队赶回西奈半岛

◄ 1948 年 5 月 18 日，代加尼亚第二个基布兹的成员在战壕里，准备打击叙利亚士兵和坦克的进攻。两天后，叙利亚军队的进攻被打退

队占领了那个基布兹。

没过三个星期，以色列关注的焦点发生了巨大变化：从阿拉伯军队的进攻转向先前巴勒斯坦犹太人联合会与伊尔贡之间内部冲突的残余影响。

为了装备队伍，伊尔贡的领导人梅纳赫姆·贝京将武器装到"阿尔塔迪纳号"（Altalena）移民船上，想通过这种方式将枪支弹药走私到这一新成立的国家。本－古里安意识到国内出现一支独立武装的严重性。6 月 21 日，"阿尔塔迪纳号"上有人向集合在岸边阻止他们卸货的士兵开炮。岸上部队开枪还击。

那天晚上，"愿神保佑让那艘船燃起大火的那支枪，"本－古里安对临时议会的议员们说，"那支枪将被收藏在以色列的战争博物馆里。"在大范围的国家生存斗争中，犹太人内部曾经发生过冲突。很多新来者下船后直接走上战场，不少人为了保卫那个之前怀疑他们动机的国家献出了生命。

入侵以色列的阿拉伯军队继续在各条战线上向前推进。7月初，埃及军队占领了加沙地带唯一的犹太村庄卡法达洛姆（Kfar Darom）。在杰里科南部的约旦河流域，约旦的阿拉伯军团占领和破坏了好几个犹太农场。伊拉克和叙利亚军队也参与了切断耶路撒冷犹太人生活区与海上通道的行动。

在南方，埃及军队与以色列军队陷入了旷日持久的激烈战斗。1949年2月24日，双方才在联合国的调解下签订休战协议。以色列从它占领的西奈半岛东部地区撤军，埃及获得了加沙地带的控制权。

1949年3月11日，以色列部队抵达阿卡巴湾北端的乌姆拉什拉什（Umm Rash-rash），在先前英国警务站所在地升起了一面以色列国旗。不到10年时间，乌姆拉什拉什发展成为以色列的重要港口和旅游城市埃拉特。

这场战争结束后，以色列控制了相较于之前联合国划分领土时多很多的领土，包括整个西耶路撒冷、耶路撒冷走廊和原属于阿拉伯国家的加利利部分地区。不过，以色列也失去了之前控制的大片领土，包括耶路撒冷旧城的犹太人聚居区、耶路撒冷地区和约旦河流域的村庄。斯科普斯山上的以色列希伯来大学和哈达萨医院被敌国领土包围，与耶路撒冷犹太区的联系被切断，不得不放弃。

1949年4月3日，以色列派往希腊罗得岛的谈判代表（包括伊扎克·拉宾）与约旦签订了休战协议。根据该协议，约旦占有约旦河西岸和东耶路撒冷。在耶路撒冷旧城被俘虏的犹太人交还以色列。

▼ 1949年3月11日，在阿卡巴湾（Gulf of Akaba）边上，以色列士兵升起一面手绘的以色列国旗。这里后来发展成为知名旅游城市埃拉特（Eilat）。海湾对面，就在这张照片的右面，是约旦港口阿卡巴（Akaba）

"Mahalnik"（海外志愿者）

　　5000 名志愿者—— 一部分来自二战盟军退伍兵，其他是纳粹大屠杀的幸存者——从海外抵达以色列后，直接奔赴战场。他们组成了"Mahal"（希伯来语"mitnavdei hutz la-aretz"的首字母缩写词，海外志愿者的意思），他们被当地犹太人亲切地称为"Mahalnik"。其中 1000 人来自美国，1000 人来自英国，500 人来自南非，500 人来自加拿大。他们当中有 150人战死沙场。伊扎克·拉宾提到他们时说："我们这一代永远不会忘记你们所做的一切，你们的巨大付出让我们取得的所有成就成为可能。"

哈加纳的战时命令

1948 年 5 月 14 日，哈加纳颁布了第一批战时命令。上述这条命令要求海岸附近两个地区的居民提供一些东西，并将这些东西送到指定地点。

译文：

1/ A 号命令

根据哈加纳前线指挥官（O. C. Haganah）第一号公告，我请求特拉维夫城市群（Gush Dan）和佩塔提克瓦（Petach Tikvah）的所有居民从 1948 年 5 月 16 日星期日开始的 3 个白天里提供下列所有物品。这些物品对于我们保卫这里至关重要：

（1）各种工具（锄头、镐、铁锹，等等）。

（2）寝具（毯子、折叠床、床垫）。

（3）餐饮用具（平锅、杯子、盘子、刀子、汤匙，等等）。

（4）其他器具（水瓶、军用饭盒、装运食物和灯笼的容器）。

（5）各种大小的袋子。

上述物品的收集点：

佩塔提克瓦—佩塔提克瓦消防站

拉马特甘—拉马特甘消防站

吉瓦塔伊姆和纳查特伊扎克（Nachlat Yitzchak）—吉瓦塔伊姆消防站

贝内贝拉克—圣赫茨尔路民防大厅

伊尔贡的投降

　　1948 年 6 月 22 日，伊尔贡在卡法维特金（Kfar Vitkin）海岸地区向以色列国防军投降。

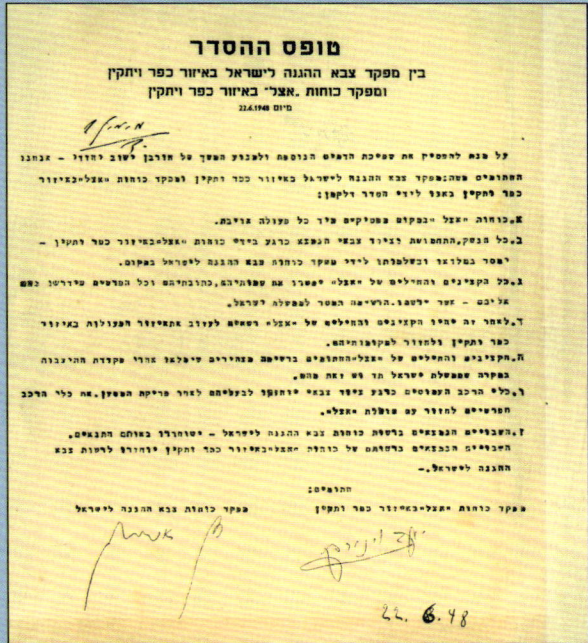

译文：

投降协议书

时间：1948 年 6 月 22 日

协议双方：卡法维特金地区的以色列国防军司令和卡法维特金地区的"Etzel*"部队司令

　　为了终止双方士兵的流血牺牲，避免以色列地犹太人口大规模的持续减少，我们双方，即卡法维特金的以色列国防军司令与卡法维特金的"Etzel"司令签署该协议，同意以下内容：

a. "Etzel"部队必须立即停止一切敌对行为。

b. 所有装备卡法维特金军队（人员）的武器（和）弹药必须悉数上交当地以色列国防军司令。

c. 所有"Etzel"军官和其他军官必须上报他们的名字、地址、详细职责。所有信息由____记录。这一清单必须上交以色列政府。

d. 之后，"Etzel"军官和其他军官就可以离开位于卡法维特金的作战区域，回到先前地点。

e. 列入清单的"Etzel"军官和其他军官必须保证，若以色列政府要求他们参军效力，他们必须服从。

f. 目前装有军事装备的车辆必须在卸货之后交还主人。私人车辆必须交还"Etzel"____。

g. 以色列国防军手中的战俘应该按照同样条件释放。

卡法维特金地区"Etzel"部队手中的战俘应交还以色列国防军。

签署双方：

卡法维特金地区"Etzel"部队司令官

[签署人] Ya'akov Vinvirsky

以色列国防军司令

[签署人] Dan Epstein

1948.6.22

　　* 译者注：指的是希伯来语 Irgun Zva'i Le'umi，意为"国家军事组织"。

休战协议

　　1949 年 2 月 24 日，以色列和埃及在罗得岛签署《休战协议》，结束了持续 9 个月的激烈战争。

▲ 沃尔特·伊尔坦（Walter Eytan）在协议上签字后递给他右边的伊果·亚丁（Yigal Yadin），后者递给埃利亚胡·沙逊（Eliyahu Sasson）。鲁文·西罗亚（Reuven Shiloah）在伊尔坦的左边。伊尔坦左数第二个人是拉尔夫·本奇（Ralph Bunche）。鉴于在这场和平谈判中所作的贡献，本奇成为第一位获得诺贝尔和平奖的非裔美国人

EGYPTIAN-ISRAELI

GENERAL ARMISTICE AGREEMENT

United Nations

Rhodes, Greece.
24 February, 1949

9. The Mixed Armistice Commission shall submit to both Parties reports on its activities as frequently as it may consider necessary. A copy of each such report shall be presented to the Secretary-General of the United Nations for transmission to the appropriate organ or agency of the United Nations.

10. Members of the Commission and its Observers shall be accorded such freedom of movement and access in the areas covered by this Agreement as the Commission may determine to be necessary, provided that when such decisions of the Commission are reached by a majority vote United Nations Observers only shall be employed.

11. The expenses of the Commission, other than those relating to United Nations Observers, shall be apportioned in equal shares between the two Parties to this Agreement.

ARTICLE XI

No provision of this Agreement shall in any way prejudice the rights, claims and positions of either Party hereto in the ultimate peaceful settlement of the Palestine question.

ARTICLE XII

1. The present Agreement is not subject to ratification

/ and

and shall come into force immediately upon being signed.

2. This Agreement, having been negotiated and concluded in pursuance of the resolution of the Security Council of 16 November 1948 calling for the establishment of an armistice in order to eliminate the threat to the peace in Palestine and to facilitate the transition from the present truce to permanent peace in Palestine, shall remain in force until a peaceful settlement between the Parties is achieved, except as provided in paragraph 3 of this Article.

3. The Parties to this Agreement may, by mutual consent, revise this Agreement or any of its provisions, or may suspend its application, other than Articles I and II, at any time. In the absence of mutual agreement and after this Agreement has been in effect for one year from the date of its signing, either of the Parties may call upon the Secretary-General of the United Nations to convoke a conference of representatives of the two Parties for the purpose of reviewing, revising or suspending any of the provisions of this Agreement other than Articles I and II. Participation in such conference shall be obligatory upon the Parties.

4. If the conference provided for in paragraph 3 of this Article does not result in an agreed solution of a point in dispute, either Party may bring the matter before the Security

/ Council

Council of the United Nations for the relief sought on the grounds
that this Agreement has been concluded in pursuance of Security
Council action toward the end of achieving peace in Palestine.

5. This Agreement supersedes the Egyptian-Israeli General
Cease-Fire Agreement entered into by the Parties on 24 January 1949.

6. This Agreement is signed in quintuplicate, of which one
copy shall be retained by each Party, two copies communicated to the
Secretary-General of the United Nations for transmission to the
Security Council and to the United Nations Conciliation Commission
on Palestine, and one copy to the Acting Mediator on Palestine.

        IN FAITH WHEREOF the undersigned representatives of the
Contracting Parties have signed hereafter, in the presence of the
United Nations Acting Mediator on Palestine and the United Nations
Chief of Staff of the Truce Supervision Organisation.

        DONE at Rhodes, Island of Rhodes, Greece, on the twenty-fourth
of February nineteen forty-nine.

FOR AND ON BEHALF OF THE   FOR AND ON BEHALF OF THE
GOVERNMENT OF EGYPT   GOVERNMENT OF ISRAEL

Signed :   Signed :

ANNEX III

DEFINITION OF DEFENSIVE FORCES

I. Land Forces

1. Shall not exceed:

    (a) 3 inf btns, each bn to consist of not more than 800
         officers and o.r's and composed of not more than

         (i)   4 rifle coys with ordinary inf. S.A. equipment
                (rifles, LMG's, SMG's, light mortars (e.g. 2"),
                A/tk rifles or Piat,

         (ii)   1 support coy with not more than 6 MMG's,
                6 mortars not heavier than 3", 4 A/tk guns not
                heavier than 6 pdrs,

         (iii) 1 HQ coy.

    (b) 1 bty of 8 field guns not heavier than 25 pdrs.

    (c) 1 bty of 8 A.A. guns not heavier than 40 mm.

2. The following are excluded from the term "Defensive
    Forces":

    (a) Armour, such as tanks, AC's, Bren-carriers, half-
         tracks, load carriers or any other AFV's.

    (b) All support arms and units other than those specified
         in paragraph 1(a)(ii), 1(b) and 1(c) above.

3. Service units will be in accordance with a plan to be
    prepared and approved by the Mixed Armistice Commission.

                                        / II. Air Forces

Rhodes, 24 February 1949

TO   : Colonel Seif El Dine, Head of the Egyptian Delegation
          at Rhodes
FROM : Ralph J. Bunche, Acting Mediator

        In connection with the Egyptian-Israeli General Armistice
Agreement your confirmation is desired of the understanding that
any military camps or corporate localities now astride the Hatta-
Al Faluja-Beersheba road, or which are located not more than 200
meters west of this road, shall be considered as falling within
the area of the eastern front as defined in Annex II of the
Agreement.

Rhodes, 24 February 1949

TO   : Dr. Ralph J. Bunche, Acting Mediator on Palestine
FROM : Colonel Seif El Dine

        In reply to your note dated February 19th 1949, I beg
to inform you that the Egyptian Delegation agrees to consider
any military camps or corporate localities now astride the
Hatta-Al Faluja-Beersheba road, which are located at not more
than 200 meters west of this road, as falling within the area
of the eastern front as defined in Annex II of the Armistice
Agreement signed today.

1948—1958
逃离阿拉伯

在独立战争即将结束之际，移民持续增加带来的压力越来越大。整个阿拉伯世界，犹太社区里成百上千的犹太人——有的犹太社区可以上溯到穆罕默德出生之前——正在受到攻击。

以色列国成立之后，犹太人终于有了一个欢迎他们、给他们公民权的地方，于是纷纷举家前往。

以色列很多犹太人是在过去 100 年里从阿拉伯各国移居而来。这些人形成了生机勃勃的犹太社区，然而，他们财力物力有限，无法吸引成千上万的新来者。这一重担落在了新成立的、正在努力从一年半多武装冲突的巨大破坏中恢复元气的国家身上。

第一任总统（1949—1952）

1949 年 2 月 14 日，以色列议会（Knesset）第一次会议召开。这是有史以来犹太主权国家的第一个议会。会议的主要内容是选举总统。最终人选是 74 岁的退伍老兵、犹太复国主义者哈依姆·魏兹曼。对他而言，这是一个悲喜交加的时刻。他双目即将失明，儿子在积极为英国空军效力的战斗中战死。当选总统 10 天后，魏兹曼请本-古里安组建政府。本-古里安照办了，不过很少向他汇报政府工作。1952 年，魏兹曼去世，有人推选阿尔伯特·爱因斯坦——据说他是当时健在的最有影响力的犹太人——当总统，但是他婉拒了。后来，伊扎克·本-兹维当选总统。

▶ 129 290 名伊拉克犹太人经由洛德（Lod）机场抵达以色列。照片中显示的是其中一部分。同时，120 000 名欧洲大屠杀幸存者（其中 108 000 名波兰人）也抵达以色列

▼ 果尔达·梅厄（Golda Meir），这位 1948 年 5 月 14 日参与签署《独立宣言》的女性获得了以色列签发的第一个出国护照，于 5 月 19 日抵达纽约，为安置数十万名难民寻求资金支持。这些难民可以让新成立的以色列的人口增加一倍多

来自阿拉伯国家的最大一批新移民——大约 20 万人——来自摩洛哥。第二大移民群体来自伊拉克，人数为 129 290 人。还有大量新移民来自突尼斯（56 000）、也门（50 000）、利比亚（35 000）、埃及（29 000）和阿尔及利亚（14 000）。另外，还有移民来自黎巴嫩（6000）、叙利亚（4500）。（第 119 页地图展示了 1948—1972 年间，犹太人从阿拉伯诸国迁往以色列的情况。）

移民群体中的也门犹太人——其祖先在阿拉伯半岛南部的荒凉之地繁衍生息了 2000

阿拉伯难民

独立战争期间，55万（以色列的数据）至72.5万（联合国的数据）阿拉伯人从即将属于以色列的巴勒斯坦土地上逃离。很多人是在当地阿拉伯领导人的怂恿下离开的，说是等到以色列被从地图上抹掉之后，他们马上就可以重返家园。其他人是被以军赶走的。1949年，超过16万人选择继续留在后来成为以色列领土的家园，或返回已经属于以色列的生存之地。今天，在1949年边境内的以色列人口中，20%的以色列人具有阿拉伯血统。

年——大都来自贫穷偏远的聚居地。他们经由一个名为"神毯"（Magic Carpet）的移民方案被飞机带到以色列。大多数人此前根本没有见过飞机，更别说乘坐飞机。

如何接收数量庞大的58万名难民，以色列面临巨大挑战，因为这些难民几乎让以色列人口增加了一倍。除了随身携带的物品以外，很多人几乎没有什么其他物品或资财。他们将房子、工作、商店、生意都抛在了身后。来到以色列后，他们首先需要一个遮风挡雨的地方。起初，政府搭建了"帐篷城"，后来又建造了简易木屋。

果尔达·梅厄出生在俄国。1921年，梅厄移民巴勒斯坦。为了给新移民提供一个舒适一点的住所，作为以色列政府成员，梅厄前往美国，

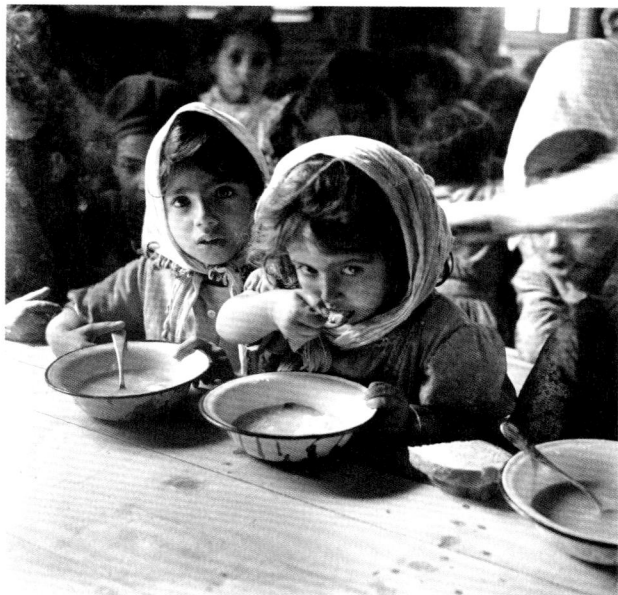

向美国犹太人募集资金。经过她的努力，政府为新移民建造了住宅和新的城市，有的建在沙漠的边缘。

一开始，来自阿拉伯诸国的犹太人觉得很难被这一犹太国接纳成为和睦相处的成员，觉得自己是二等公民，很多人干着繁重的体力活。然而，慢慢地，机会和教育，再加上针对全民义务兵役制的平等选拔效应，让他们逐渐融入以色列社会的主流，进入以色列政坛的中心。

▲ 1949年，在阿斯利特的临时中转营，也门儿童吃到了他们来到以色列后的第一顿饭。保罗·古德曼（Paul Goodman）拍摄

与以色列主动分担阿拉伯诸国犹太人在以色列生活的经济负担，逐渐让他们融入以色列社会相比，阿拉伯诸国将涌入的巴勒斯坦阿拉伯难民视为贱民，将为他们提

► 1949—1950年，"神毯"行动将4.8万名犹太人从也门接到以色列。因为埃及禁止任何以色列船只通过苏伊士运河，以色列不得不大大增加空运力度

供住所、粮食的责任推给联合国。1949 年 12 月，联合国专门设立了一个解决这些难民问题的机构——联合国近东巴勒斯坦难民救济和工程处（UNRWA），为这些难民提供帮助，直到今天。

当今，阿拉伯国家的数十座难民营里还生活着 1949 年巴勒斯坦阿拉伯难民及其后代，包括生活在巴勒斯坦当局控制的约旦河西岸和加沙地带的难民。相较而言，在以色列境内，先前来自阿拉伯诸国的犹太人早已成为一个富有活力、与当地先前居民和睦相处、积极上进的群体。

▲ 给新移民建造的房屋（1950）

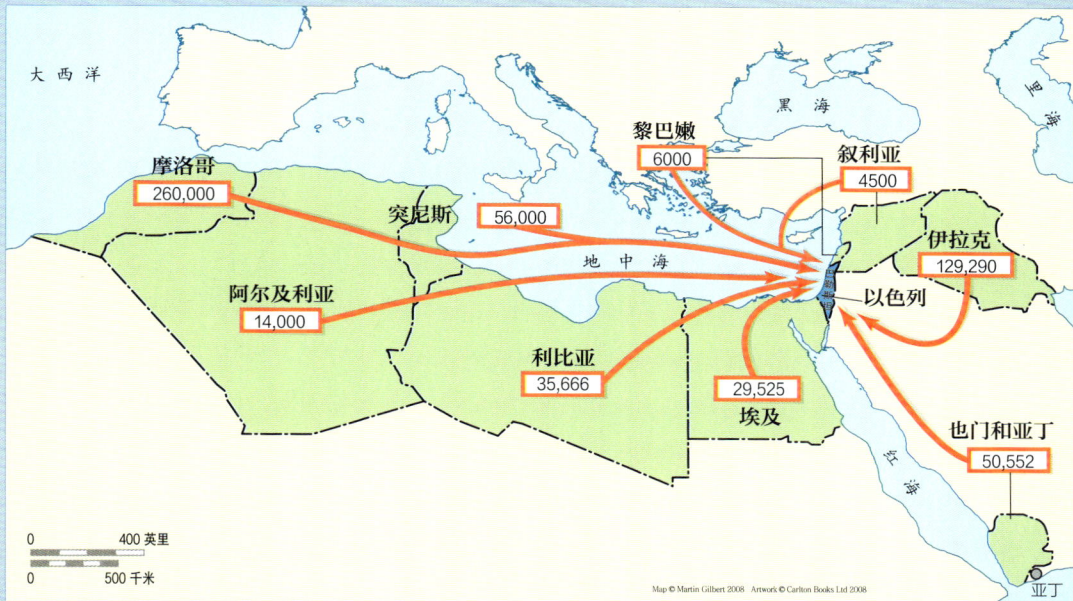

大西洋

黑海

黎巴嫩
6000

叙利亚
4500

摩洛哥
260,000

突尼斯
56,000

伊拉克
129,290

阿尔及利亚
14,000

以色列

地 中 海

利比亚
35,666

埃及
29,525

也门和亚丁
50,552

红海

亚丁

0   400 英里
0   500 千米

Map © Martin Gilbert 2008 Artwork © Carlton Books Ltd 2008

■ 1948—1972 年，从阿拉伯国家迁往以色列的犹太人人数

■ 以色列（1948—1967）

1948—1967
建设以色列

除了以色列独立后的第一个十年里来自阿拉伯诸国的50万名犹太人，欧洲大屠杀的12万多名幸存者也辗转来到了这个新成立的国家。

他们来到以色列，除了拥有想要生活在一个没有反犹思想和迫害行为的新国度的渴望之外，其他几乎什么也没有。这个正在从战争和围困中恢复元气的年轻国家必须给他们提供一个安身之所。

1950年，以色列通过了至今仍然有效的《回归法》（*Law of Return*）。根据这部法律，世界上任何国家的犹太人，都可以前往以色列，并自动获得公民身份。于是，世界各国不断有犹太人移民以色列。数千犹太人来自印度，另外澳大利亚和新西兰、加拿大和美国、南美和南非、英国和其他西欧国家都有犹太人抵达以色列。只有苏联和东欧社会主义国家禁止犹太人移居国外。

◀奥斯卡·辛德勒曾经是纳粹党成员。在纳粹大屠杀期间，他挽救了1300名犹太人。1962年，他前往以色列，在机场受到当年一些获救者的热情欢迎

以色列大屠杀纪念馆 （Yad Vashem）

耶路撒冷西郊的山顶上，该纪念馆的纳粹大屠杀档案的收藏陈列处（希伯来语"Yad Vashem"出自《以赛亚书》，意为"有纪念、有名号"）。这里修建了一条林荫路，用以纪念在纳粹大屠杀期间帮助犹太人逃生的非犹太人。

以色列的外事活动能力令人叹服。所有邻国——黎巴嫩、叙利亚、约旦、埃及——都与它水火不容，于是以色列与远方的国家建立了外交关系，包括法国、美国，以及先前的冤家英国。1952 年，经过谈判，以色列与德国签订赔偿协议，后者同意赔偿二战期间犹太人遭受的巨大损失。

▶ 1949 年 1 月 1 日，纳粹大屠杀幸存者离开英国设在塞浦路斯的羁押营，动身前往以色列，虽然当时英国尚未承认刚成立的以色列国

以色列国防军守卫边界地区，严防随意杀害以色列平民的外国恐怖分子潜入以色列。在以色列海军巡守地中海沿岸的同时，一个全国性的客货船运公司（ZIM）于 1945 年建立。1948 年成立了全国性的航空公司（EL AL）。

这一新建国家社会生活的中心是一个充满活力的民主制度。议会，即"Knesset"，是议员们就国家大事进行激烈辩论的场所。最高法庭独立于政府，承担着坚定维护公平正义的职责。报纸为读者提供丰富翔实的资讯，其评论报道直言不讳。除了 23 年前以色列建国前成立的希伯来耶路撒冷大学，以色列各地还建立了其他大学。希伯来语成为推进新

► 1957 年 7 月，特拉维夫街边的一个露天咖啡馆。特拉维夫的迪岑哥夫大街（Dizengoff Street）以该市第一任市长命名，它是这里的娱乐和休闲中心

▼阿道夫·艾希曼，作为二战期间 600 万犹太人大屠杀事件的组织者，在耶路撒冷接受审判。1962 年 5 月 29 日的这一刻，他得知向以色列最高法院提出的上诉被驳回

移民融合的因素。

考古学家在以色列国防军参谋长伊加尔·雅丁的带领下，研究了以色列的悠久历史，挖掘了很多历史遗迹，如米吉多（Mediddo）（《圣经》里说的哈米吉多顿），也是两千年前的"奋锐党"（Zealots）对罗马帝国进行最后抵抗的地方。

1961 年，纳粹大屠杀的主要策划者和组织者之一，即先前的党卫军中校阿道夫·艾希曼（Adolf Eichmann）被以色列特工在阿根廷抓获，并押送回以色列受审。根据大量证据，他被判有罪，1962 年被执行绞刑。这是以色列法庭有史以来第一次做出死刑判决。

在艾希曼受审期间，以色列举国震动。人们纷纷出庭作证，揭露纳粹大屠杀暴行。另外，人们还提到，当年不少非犹太人冒着生命危险挽救犹太人生命。多年来，这些"外邦义人"（Righteous Among the Nations）被接到以色列，接受因为当年挽救犹太人生命被授予的荣誉。

חוק השבות, תש"י - 1950

הזכות לעליה	1. כל יהודי זכאי לעלות ארצה.

2. אשרת עולה
(א) העליה תהיה על פי אשרת עולה.
(ב) אשרת עולה תנתן לכל יהודי שהביע את רצונו להשתקע בישראל, חוץ אם נוכח שר העליה שהמבקש –
(1) פועל נגד העם היהודי; או
(2) עלול לסכן בריאות הצבור או בטחון המדינה.

3. תעודת עולה
(א) יהודי שבא לישראל ולאחר בואו הביע את רצונו להשתקע בה, רשאי, בעודו בישראל, לקבל תעודת עולה.
(ב) הסייגים המפורשים בסעיף 2(ב) יחולו גם על מתן תעודת עולה, אלא לא יחשב אדם לסכן בריאות הצבור לרגל מחלה שלקה בה אחרי בואו לישראל.

4. תושבים וילידים
כל יהודי שעלה לארץ לפני תחילת תקפו של חוק זה, וכל יהודי שנולד בארץ בין לפני תחילת תקפו של חוק זה ובין לאחריה, דינו כדין מי שעלה לפי חוק זה.

5. ביצוע ותקנות
שר העליה ממונה על ביצוע חוק זה, והוא רשאי להתקין תקנות בכל הנוגע לביצועו וכן למתן אשרות עולה ותעודות עולה לקטינים עד גיל 18.

נתקבל בכנסת
ביום רביעי, כ' בתמוז תש"י
(5 ביולי 1950)

ראש הממשלה

מ"מ נשיא המדינה

《回归法》

　　1950 年 7 月 5 日通过的《回归法》规定，世界任何地方的所有犹太人都有权利移民以色列。唯一的例外是那些"从事针对犹太人活动"或"可能威胁以色列公共健康或安全"的人。《回归法》颁布后，400 万名犹太人抵达以色列，成为以国公民，其中包括超过 100 万名苏联的犹太人。这部法律的第一批受益者是从阿拉伯国家（比如摩洛哥、阿富汗）逃出来的 50 万名犹太人。（译文参见本书第 213 页）

出自以色列儿童之手的绘画

一个以色列小学生赠送给总理戴维·本－古里安的作品，画的是他们抵达以色列的情形。

1967
六日战争

1967年6月6日，就在庆祝建国19周年三个星期后，以色列遭到了三个阿拉伯国家的攻击：埃及、叙利亚、约旦。

在埃及总统纳赛尔的领导下，阿拉伯联军决心速战速决。以色列这一新建国家处于生死存亡之际。

1967 年 5 月 25 日，埃及国有的开罗广播电台宣布："阿拉伯军队决心将以色列从地图上抹掉。"三天后，在纳赛尔的鼓动下，四个阿拉伯国家——叙利亚、伊拉克、约旦、沙特阿拉伯——调动军队向以色列边境推进。通过各自国内的广播网络，四个阿拉伯国家进行了煽动性毫不逊色于埃及广播的反以动员。

和 1948 年的情况一样，1967 年以色列军队的兵员数量和武器装备都不及对手。以色列一共有 264 000 名军人，大多数是入伍不久的新兵，而面对的五个阿拉伯国家至少拥有同样数量的常备军。以色列有 800 辆

▼ 贾迈勒·阿卜杜·纳赛尔（Gamal Abdel Nasser）上校，1956—1970 年的埃及总统。他将叙利亚、约旦也拖入对以战争中

经济和广播领域的战争

"我们的根本目标是消灭以色列。阿拉伯人要开战。"1967 年 5 月 27 日，埃及总统纳赛尔在广播中这样说。他还说，他已经命令军队在蒂朗海峡布置了水雷，封锁了以色列船只进入埃拉特的通道。三天后，开罗广播电台说，以色列"要么被遏制死，要么在南、北、东三面包围的阿拉伯军队的炮火下灭亡"。

▶阿里什机场，六日战争前夕，被以色列战机击落的苏联制造的埃及战斗机。在战争初期占领阿里什的以色列士兵在察看飞机残骸

坦克，而对手的坦克数量为 2 504 辆。以色列有 300 架战机，而对手拥有 680 架战斗机和轰炸机。

以色列 50 千米长的中轴线最窄处距离地中海仅 14 千米。特拉维夫的海滩距离最近的阿拉伯国家边境线仅有 25 千米。以色列国防部长警告政府，避免战败的唯一机会就是先发制人。

1967 年 6 月 6 日早晨 7 时 45 分，以色列空袭埃及、约旦的空军基

▶ 1967 年 6 月 12 日，在戈兰高地，以色列军车经过路边一辆被摧毁的叙利亚坦克和一门高射炮

▶ 1967 年 6 月，加利利海边的太巴列，以色列平民在欢迎凯旋的以军士兵和坦克。可以隐约看到远处湖泊对岸的戈兰高地

地，400 多架战机在跑道上或飞机库里被炸毁，大多数跑道被炸得无法使用。以色列重创了阿拉伯军队的空中力量，让本国城市和平民免受敌军空袭和轰炸带来的恐惧。

地面的激烈战斗持续了六天。以色列参谋长拉宾将军调兵遣将，指挥以军在三条战线上分别对埃及、叙利亚和约旦军队进行反击。集结在

▼六日战争期间的 1967 年 6 月 8 日，埃及空军的米格战斗机在扫射西奈半岛地面上的以色列士兵

▲六日战争结束后的 1967
年 7 月 6 日，在内盖夫，
参谋长伊扎克·拉宾、国
防部长摩西·达扬、空军
司令莫尔迪采伊·胡德
（Mordechai Hod）仰头观
看空中飞过的战机

加沙地带的埃及军队被打退到西奈半岛的另一边，撤退到距离苏伊士运河以西 160 千米的地方。原计划占领加利利北部的叙利亚军队，被击退 25 千米，撤出戈兰高地。位于以色列边界中央，距离地中海一度仅有 14 千米的叙利亚部队被向东击退 50 千米，撤离约旦河西岸和东耶路撒冷，向约旦河下游撤退。

企图消灭以色列的几个国家付出了巨大代价。1.5 万多名埃及士兵、数千名约旦士兵、1000 名叙利亚士兵在这次战争中丧生。以色列在各条战线上总共损失了 766 人。

不过，以色列并没有胜利者的喜悦。拉宾在战争刚结束的一次集会上向到场的众多与会者说："可能因为一直没有学会或习惯享受征服和胜利的喜悦，因此，回味这件事，我们心情复杂。"以色列第一次遇到了占领国面临的问题，需要对约旦河西岸和加沙地带一百多万名巴勒斯坦阿拉伯人的生活和生计负责。在约旦、埃及的统治下，这些难民一直在联合国的帮助下生活在难民营里，无法融入广大阿拉伯社会。

叙利亚和戈兰高地

在六日战争之前的几个月里，叙利亚军队从戈兰高地的高处炮轰以色列村庄，极大地破坏了以色列农民和渔民的生活，毁掉了数百幢住宅和农业建筑。1964 年，叙利亚参谋长放言："不消灭以色列，绝不收兵。"

"焦点行动"那天的命令

1967 年 6 月 5 日，空军总司令胡德将军推测埃及、叙利亚、约旦将发动对以空袭，于是决定先发制人，命令对三国空军进行打击。

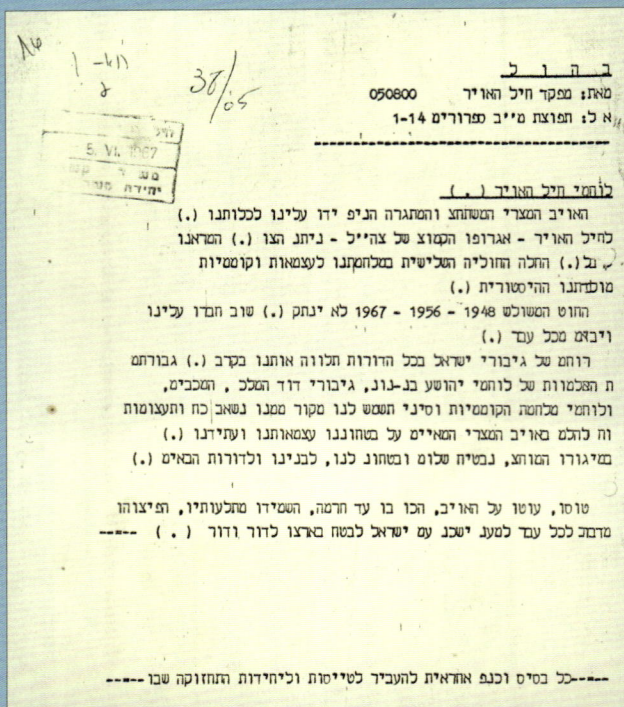

译文

紧急

命令来自：空军指挥部　050800

传达给：1-14 号基地的指挥员

--------------- 印章：（文字无法辨认）

1967.6.5

信号办公室

一连队

空军战士们：

不可一世蓄意挑衅的埃及敌军已经做好消灭我们的准备。本命令要下达给空军——国防军的拳头部队。我们将从（文字无法辨认）起飞。铸造为故国家园的独立和主权而斗争这一链条上第三环的工作开始了。

三股线拧成的绳索（1948、1956、1967 年）不会被割断。我们的敌人再一次从四面八方进犯。

一代又一代以色列英雄的精神将陪伴我们去战斗。约书亚的勇士和大卫王强大战士永恒的勇气、独立战争和西奈战役的以色列勇士们永恒的勇气将成为我们汲取体力和精神力量，痛击威胁我们安全、独立和未来的埃及敌人的甘泉。

我们要彻底击败他们，为我们自己、我们的孩子、子孙后代创造一个和平、安全的环境。

飞向蓝天，冲向敌人，痛击他们，消灭他们，将他们打得四散溃逃，让以色列人民可以永远安宁地生活在自己的土地上。

每个基地和飞行联队必须将本命令传达给驻地的飞行中队和后勤部队。

加维什少将的简报

南线部队的指挥官加维什（Gavish）少将在简报中说，以色列部队已经占领西奈半岛。

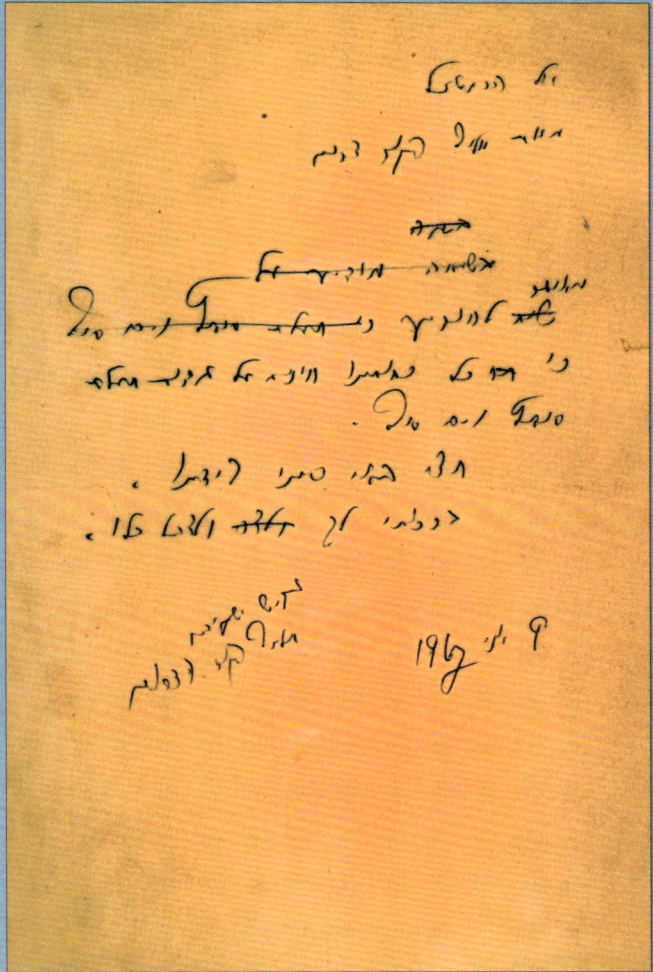

译文

请参谋长过目
汇报人：南线部队指挥官

很高兴
我高兴地宣布
高兴
我高兴地宣布

苏伊士运河和红海
我方部队正在苏伊士和红海岸边扎营。
西奈半岛已经控制在我军手中。
问候您和以色列国防军所有战友。

耶沙雅胡·加维什
南线部队指挥官

1967
鏖战耶路撒冷

　　以色列独立后的19年里，耶路撒冷一直是一个分裂的城市。沿着1949年的停火线，水泥墙和铁丝网将这个城市分成两个部分。

　　整个旧城，包括会堂所在地的犹太区、西墙圣地，处在约旦军队的占领下。以色列人不得靠近西墙——迄今仅存的有关古代圣殿的建筑。犹太会堂也成了一片瓦砾。约旦禁止以色列人瞻仰橄榄山的犹太公墓，也不许犹太人死后葬在那里。东西耶路撒冷之间的唯一通路是曼德尔鲍姆大门（Mandelbaum Gate），但是这个大门不对以色列人开放。

　　1967年6月，战争爆发之际，埃及总统纳赛尔游说约旦年轻的侯赛因国王加入进攻以色列的反以联军。然而，以色列窃听了两位元首之间的那次重要电话交流。于是，以色列力劝约旦国王不要卷入这场冲突。虽然约旦国王的军队已经在时断时续地炮轰西耶路撒冷，但以色列仍然承诺，只要约旦停止炮击，保持中立，以军就不会进攻约旦控制的东耶

▲ 伞兵徽章

纳尔基斯将军（1925—1997）

　　尤泽·纳尔基斯（Uzi Narkiss）出生于耶路撒冷。1948年，他受命破解约旦军队对旧城犹太区的包围。他设法成功地将补给品送入城内，疏散了伤员，然而增援部队没有到达，他只好命令士兵撤退。1967年6月，摩西·达扬命令纳尔基斯，在可能依靠停火统一耶路撒冷之前，先用武力解决这个问题。在纳尔基斯的指挥下，以军占领了旧城，耶路撒冷在以军的控制下实现了统一。这一战争的胜利完成了纳尔基斯开始于19年前，并且因先前的失败一直耿耿于怀的事业。

▲ 挺进旧城北部的以军部队将东耶路撒冷基督教青年会（East Jerusa-lem YMCA）大楼当据点，进攻约旦部队

路撒冷和约旦河西岸。然而，约旦国王拒绝了以色列的劝告，继续炮轰西耶路撒冷。以色列议会大厦也受到炮击，议员们只能躲在掩体里继续讨论形势。

在战争开始后的第一个下午，以色列军队占领了先前英国托管当局的办公大楼。从那里，以军可以俯视北面的东耶路撒冷，居高临下炮轰东耶路撒冷北边约旦的防御阵地。尤泽·纳尔基斯，这位中线军队的总指挥，命令士兵将以色列国旗升起在先前英国托管当局的办公大楼上。那天夜里，以色列国防军首席拉比施洛莫·戈伦对纳尔基斯说："你的部下创造了历史。西奈半岛的形势无法和这件事相提并论。"纳尔基斯让戈伦"把小号准备好"——希伯来人传统上用公羊角做成的号——来庆祝胜利。

接下来，为了不破坏旧城的建筑，以色列军队想办法从北面包围了东耶路撒冷。一场血腥的战斗开始了，地点在现在叫"弹药山"

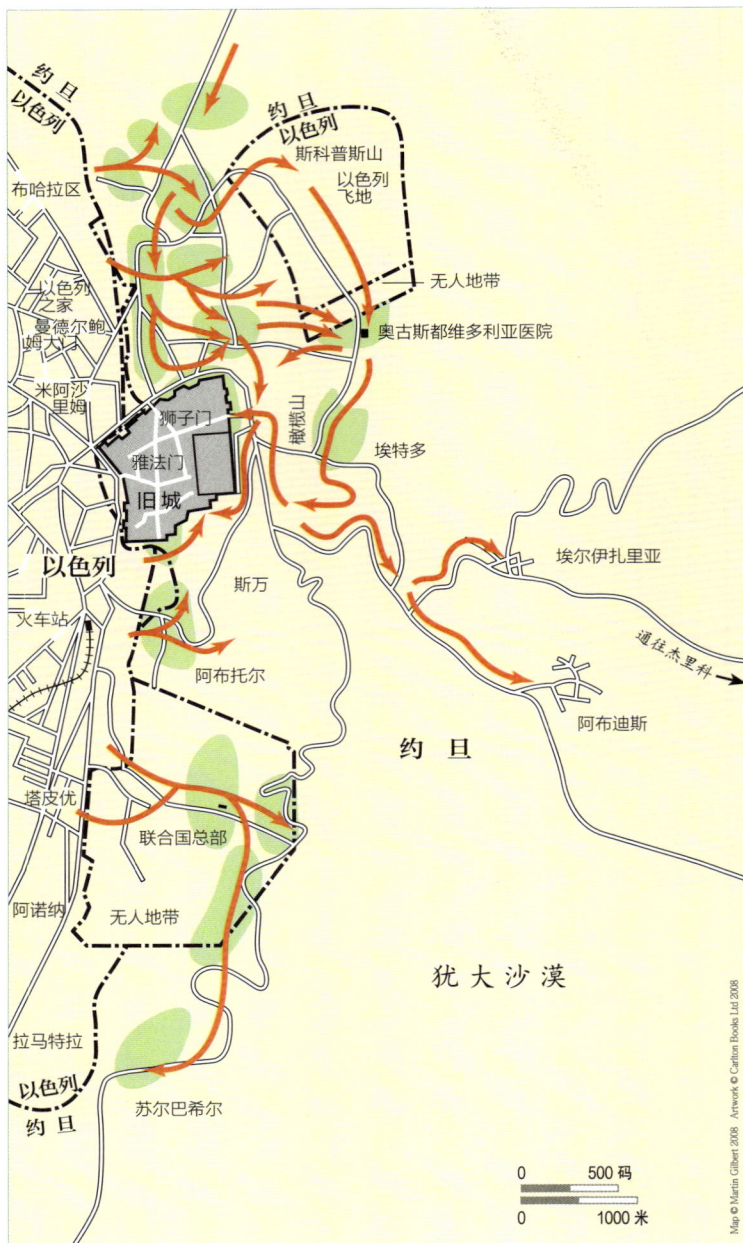

约旦
以色列

布哈拉区

约旦
以色列

斯科普斯山
以色列
飞地

以色列
之家

曼德尔鲍
姆大

无人地带

米阿沙
里姆

奥古斯都维多利亚医院

狮子门

雅法门

旧城

橄榄山

埃特多

以色列

斯万

埃尔伊扎里亚

火车站

阿布托尔

通往杰里科

约旦

阿布迪斯

塔皮优

联合国总部

阿诺纳

无人地带

犹大沙漠

拉马特拉

以色列
约旦

苏尔巴希尔

| 0 | 500 码 |
| 0 | 1000 米 |

Map © Martin Gilbert 2008   Artwork © Carlton Books Ltd 2008

本书地图系原文插附地图

▪—▪—▪   1949 年以色列和约旦分割耶路撒冷的停火线

⬅   以色列部队的主要进攻路线。在那场战争中，双方共有 460 名士兵丧生；约旦 280 人，以色列 180 人

🟩   约旦军队的防御阵地，以及大多数激烈战斗发生的区域

▼以色列部队占领先前约旦军队占领的橄榄山。从那里，可以俯视当时仍在约旦军队手中的圆顶清真寺和耶路撒冷旧城。莫塔·吉尔（Motta Gur）将军（侧面对着镜头）即将下令发动一场攻击

（Ammunition Hill）的地方。6 月 7 日晨，上级命令部队攻入旧城，推进到西墙。他们选择从狮子门进入旧城。狮子门被基督徒称为"圣斯蒂芬门"，在这个城市的东墙上。

要想到达狮子门，就必须占领橄榄山，以及橄榄山和狮子门之间的汲沦谷（Kidron Valley）。以军先后攻克了这两个地方。6 月 7 日下午晚些时分，以色列军队穿过狮子门，不到一个小时，抵达西墙。参谋长拉

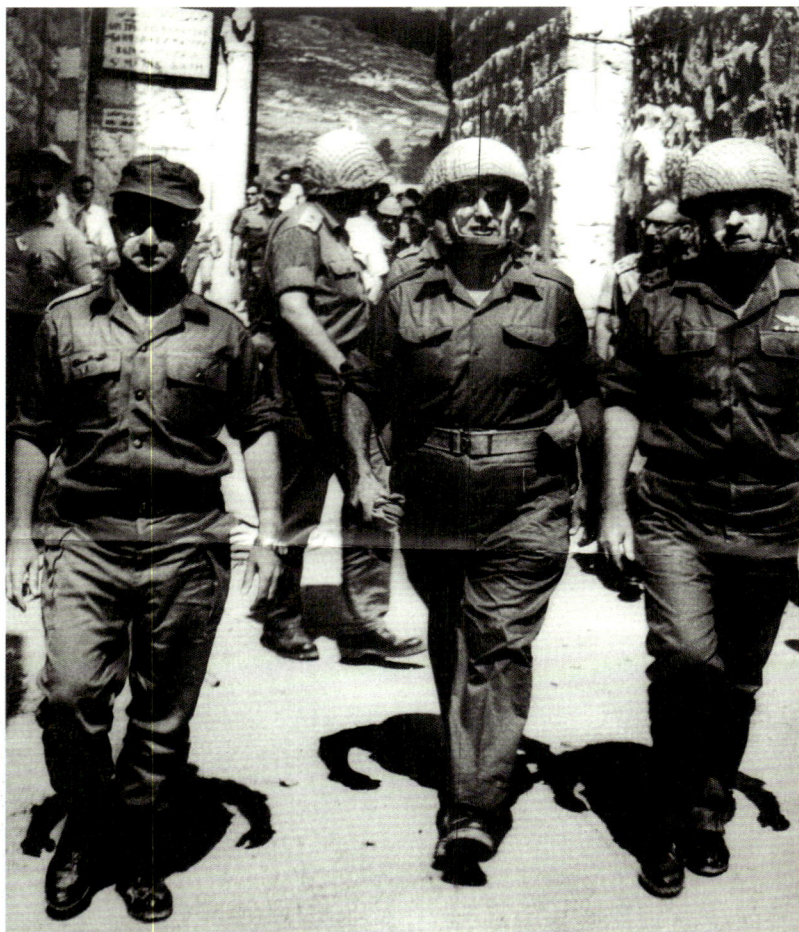

▲ 纳尔基斯将军、摩西·达扬、拉宾将军穿过狮子门进入耶路撒冷旧城。从照片中，还可以看到他们后面的以色列国防军发言人摩西·普尔曼（Moshe Pearlman）

▶ 以色列士兵在西墙（哭墙）上俯视远处。从 1949 年开始，约旦当局禁止以色列人靠近西墙或来这里做祷告

宾将军从特拉维夫飞赴耶路撒冷。他后来写道，抵达西墙的时候，"我一句话也说不出来。挤在那个狭窄小巷里的人们，一任压抑了几个世纪的泪水奔涌而出"。

耶路撒冷终于在以色列手中实现了统一。旧城的犹太区必须重建。约旦人忽视穆斯林区和基督徒区的做法必须纠正。在欢庆胜利的时刻，拉比戈伦吹响救赎的号声，以色列民众感到，国家终于完整了。

קריאת קרב

⑧ — פנימי —
לחיילי צה"ל בלבד

דף קרבי - פיקוד המרכז

יום ו' א' ניסן תשכ"ז. 9.6.1967

דבר אלוף הפיקוד

שערי יריחו הוקפו, חומתה נפלה והעיר בידינו.
חיילי ישראל חונים על כל מעברות הירדן.

מערת־המכפלה וקבר רחל הם גם בידי בניהם
של אברהם, יצחק ויעקב.

גוש עציון שוחרר: כפר עציון, משואות־יצחק,
עין צורים ורבדים - זכרונות הגבורה וההקרבה של
מחלקת הל"ה, לוחמי שיירת נבי־דניאל ומגיני כל
הגוש.

הגדה המערבית כולה בידינו.

נזכור: המשימה בוצעה, אך יש מבינינו שלא
זכו לראות בביצועה. נישא זכרם בליבנו לעד.

עם ההכרזה על הפסקת־האש, ניצב צה"ל כולו
ובתוכנו גייסות פיקוד המרכז - חזק משהיה אי־פעם,
עטור ניצחון, נחוש בכוחו ובהחלטתו להבטיח
את עוצמת השלום של העם, כשם שהבטיח את
עוצמות המגן והמלחמה.

אלוף עוזי נרקיס
אלוף פיקוד המרכז

מפקדינו — ליד הכותל

משירי הזמן

דומה שהשעון קיבל
מנוע סילוני
ובלי משים עבר גם הוא
את מהירות הקול,
הן רק אתמול בער הגבול
סמוך לחלוני
וכבר אין איש המאמין
שזה היה אתמול.

הַיָּם. כְּבַן־תַּשְׁחוֹרֶת.
הִתְמַרֵד בְּמוּסְקְמוּת
וְלְאַבְיו (מְחוֹג גָּדוֹל)
הֵעֵז לִקְרוֹא: בְּדַאי!
מִבְּחִינָתוֹ הָיְתָה זוֹ
הַקְצָרָה בְּמִלְחָמוֹת
אֲפִילוּ שֶׁ... כָּל מִלְחָמָה
הִיא אֲרוּכָּה מִדַּי.

לְפָנִים יֵשְׁנוּ תַּפְקִיד,
לַפָּנִים אֵין לֵב.
אוּלָם הַפַּעַם בְּגַלְלָם
לְבָנוֹ הִתְפּוֹצֵץ
מֵרֹב שִׂמְחַת הַנִּצָּחוֹן
וּכְמוֹ כַּדּוּר נוֹתַב
הִמְרִיא לְבָּנוּ לַשְּׁחָקִים
הָעֲמוּקִים אֵין קֵץ.

כָּל הַמִּלִּים הַמְּדוּרוֹת
אִיבְּדוּ אֶת מוּבְנָם.
עֵת, כְּמוֹ מִתּוֹךְ חֲלוֹם קָסוֹם
נִשְׁמַע צַו הָרַמַטְכַ"ל. פִּי.
וּמִנְּ'ין וְעַד חֶבְרוֹן
וְעַד מִיצַר טִירָאן
הֵרְעִים הַקּוֹל
וְהֵד עָנָה לוֹ: כֵּיפָךְ הֵי !!!

הַקְּרָב עָבַר ... וּמִי יִתֵּן
וְלֹא יָבוֹא שֵׁנִי!
זֹאת לְמַרוֹת שִׂמְחַת הֶחָג
שֶׁל נִצָּחוֹן גָּדוֹל
כִּי רַק אֶתְמוֹל בָּעַר הַגְּבוּל
סָמוּךְ לְחַלּוֹנִי
וּכְבָר אֵין אִישׁ הַמַּאֲמִין
שֶׁזֶּה הָיָה אֶתְמוֹל.

דידי

报纸《战斗的召唤》（*Call to Battle*）

1967 年 6 月 9 日，以色列国防军报纸《战斗的召唤》刊出的一期。头版的这张图片说的是，以军一攻下耶路撒冷旧城，纳尔基斯将军、达扬、拉宾就进入了旧城。（译文参见本书第 213—217 页）

摩西·谢维特的一封家信

　　以色列伞兵摩西·谢维特（Moshe Shevat，昵称"莫什克"）在战斗打响前夕写的一封家信。一天后，他在救助一位受伤战友时中弹牺牲。

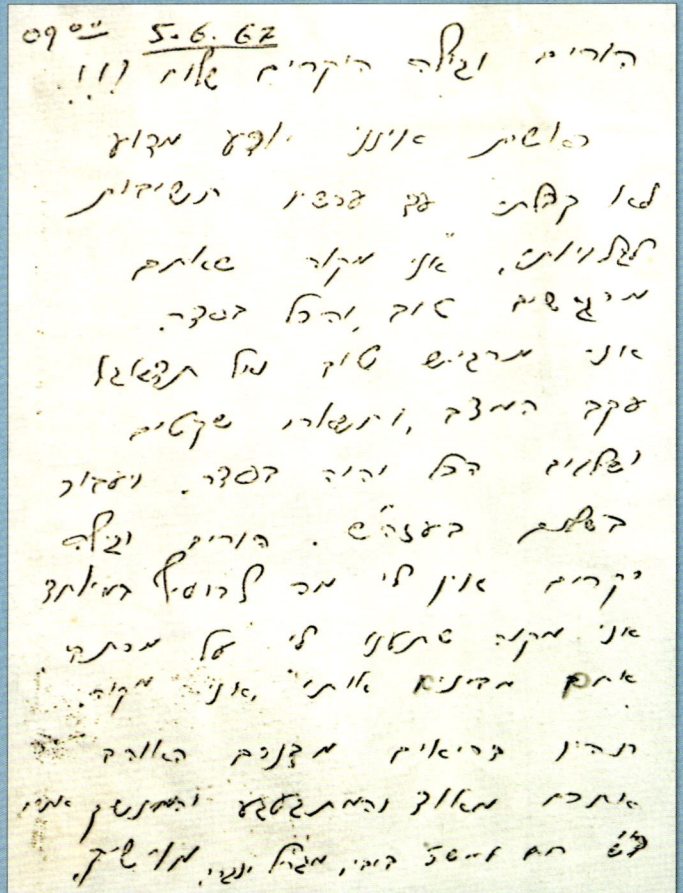

译文：

亲爱的父母亲和吉拉（Gila）：

　　你们好！

　　首先，我想知道，为什么我寄出去的明信片，到现在也没有收到回复。我希望你们身体都很好，什么毛病也没有。

　　我这里挺好。不用担心形势，保持平静心态。有上帝帮助我们，一切都会好起来，一切都会平安地过去。

　　亲爱的父母亲和吉拉，我没有什么其他特别要说的。我希望你们能回复这封信。我相信你们理解我。保重。

　　非常爱你们、想念你们，想吻你们的儿子。

　　代我问候毕毕（Bibi）家人和扬丽·玛格丽（Yangri Magrill）。

莫什克

达扬写给摩西·谢维特父母亲的信

　　这封信是由国防部长摩西·达扬寄出和签名。收信人是摩西·谢维特的父母亲雷切尔（Rachel）和达夫·谢维特（Dov Shevat）。在这封信中，达扬表达了对这对失去了儿子的夫妻的慰问，并告诉他们他是怎样牺牲的。

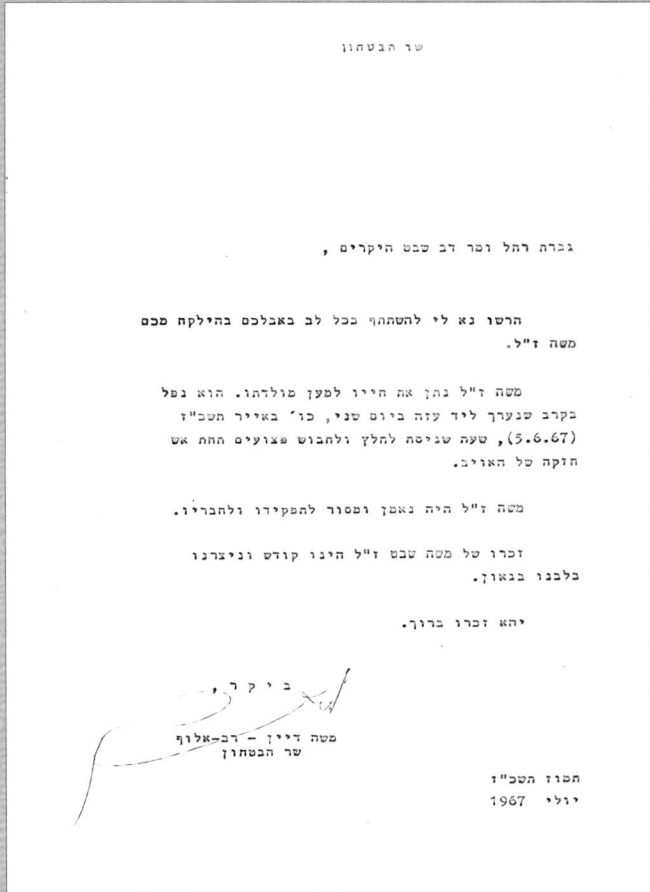

שר הבטחון

גברת רחל ומר דב שבט היקרים ,

הרשו נא לי להשתתף בכל לב באבלכם בהילקח מכם
משה ז"ל.

משה ז"ל נתן את חייו למען מולדתו. הוא נפל
בקרב סנערך ליד עזה ביום שני, כו' באייר תשכ"ז
(5.6.67), שעה שניסה לחלץ ולחבוש פצועים תחת אש
חזקה של האויב.

משה ז"ל היה נאמן ומסור לתפקידו ולחבריו.

זכרו של משה שבט ז"ל הינו קודש וניצרנו
בלבנו בגאון.

יהא זכרו ברוך.

ב י ק ר ,

משה דיין – רב-אלוף
שר הבטחון

תמוז תשכ"ז
יולי 1967

译文：

亲爱的雷切尔夫人和达夫·谢维特先生：

　　请允许我诚挚地和你们一起悼念你们的儿子摩西，亲爱的摩西永远地离开了你们。

　　亲爱的摩西为祖国献出了宝贵的生命。犹太历5727年8月（星期一）他在加沙附近的战斗中，在冒着敌人的弹雨救护受伤的（战友）、给其包扎伤口时中弹牺牲。

　　勇敢的摩西恪尽职守，热爱岗位和战友。

　　我们记忆中的摩西·谢维特圣洁无瑕，我们将自豪地永远将这份记忆珍藏心中。

　　愿逝者的灵魂安息。

　　谨上

摩西·达扬—陆军中将

国防部长

1967—1973
战争间隙

　　叙利亚、埃及和约旦三国1967年的军事失败为一直处于战争威胁的以色列提供了一个喘息之机。

　　同时，它还给以色列赋予了管理和安置先前分别处在约旦和埃及控制下约旦河西岸和加沙地带的一百多万巴勒斯坦阿拉伯人（先前的约旦和埃及当局在很大程度上忽视了他们）的责任。以色列尝试与这些阿拉伯国家谈判，希望用和平方式安置这些人，但是遭到了 1967 年 9 月 1 日阿拉伯国家喀土穆会议（interArab Khartoum Conference）的断然拒绝。那次会议给出的决定是"不讲和、不谈判、不承认"。

　　"三不"政策让巴勒斯坦阿拉伯人深受其害，另外，这些国家的领导人也让他们深受其害。1964 年，这些国家的首脑成立了巴勒斯坦解放组织（PLO，简称"巴解组织"），开始在加沙地带对以色列人展

阿巴·埃班（1915—2002）

　　1915 年，阿巴·埃班（Abba Eban）出生于南非，年轻时在英国受教育。1938 年，成为剑桥大学一位用阿拉伯语授课的教师。二战期间，他在耶路撒冷时，为防备德军入侵巴勒斯坦而训练了一批抵抗侵略的犹太志愿者。以色列独立后，他成为以色列驻联合国代表。他是一位出色的演说家和外交发言人。1966—1974 年，他担任以色列外交部长。

▲一位正统的犹太教徒在旧城犹太区的一个屋顶上跳舞。这一犹太区在 1949 年之后，在约旦统治期间被破坏成一堆瓦砾。后来在以色列手中得以重建

开袭击。他们在加沙地带杀害了 1000 多名拒绝暴力路线的阿拉伯人。

1968 年，在基地约旦，巴解组织发动了多次袭击，打死了很多以色列平民，打伤了 300 多人。在反恐行动中，以色列牺牲了 234 名战士，数量超过了六日战争中牺牲士兵数量的四分之一。

胜利并没有带来和平，连战场上的和平也没有实现。1968 年 10 月，埃及炮兵开始轰击苏伊士运河沿岸的以色列阵地。这场炮击持续了将近两年，以色列不时进行反攻和空袭。1970 年 8 月埃及同意停火之前，200 多名以色列士兵在这场"消耗战"中丧生。

苏伊士运河的和平没有给其他地方带来和平。1971 年约旦驱逐了巴解组织之后，叙利亚成为该组织的主要训练基地。叙利亚总统宣布："叙利亚是恐怖活动呼吸的肺，并且永远如此。"在海外，1972 年慕尼

黑奥运会期间，巴解组织杀害了11名以色列运动员和教练员。作为报复，以色列出动海陆空部队，打击叙利亚、黎巴嫩的巴解组织基地。另外，以色列还派特工秘密追捕和杀掉了慕尼黑案的杀人凶手。

以色列内部，这个年轻国家的日子依然一片祥和安谧。基布兹运动促进了农业技术的发展，让以色列成为全球范围的水果、蔬菜和花卉出口大国。大学培养了很多享誉国际的科学家。教学医院开展了开创性的医疗研究。

在约旦河西岸，以色列鼓励和资助当地居民发展经济。失业率从约旦占领时的12%下降到3%。超过15万的国外阿拉伯游客进入约旦河西岸参观游览。这里建立了三个巴勒斯坦阿拉伯大学，这在约旦当局控制时期是不允许的。同时，"以色列地运动组织"（Land of Israel Movement）成立，着手在约旦河西岸和加沙地带安置犹太人，决心在先前《圣经》上的以色列地、犹太地区和撒马利亚地

▲慕尼黑奥运会：场上队员为1972年9月6日被阿拉伯敌对分子杀害的11名以色列奥运会代表队成员举行追悼仪式

144

▲被杀害的 11 名以色列奥运会代表队成员中的 5 人。从左向右分别是举重运动员约瑟夫·罗马诺（Joseph Romano）、田径教练阿米兹·沙皮拉（Amitzur Shapira）、举重运动员戴维·伯格（David Berger）、射击教练柯特·绍尔（Kehat Shorr）、击剑教练安德烈·斯皮策（Andre Spitzer）

区建立永久的犹太人定居点。

以色列的文学、艺术、音乐等领域蒸蒸日上。曾在莱特龙战役中受重伤的阿维格多·阿立卡成为以色列最优秀的艺术家之一。阿摩司·奥兹（Amos Oz）是一位情感细腻、思维独到、反响强烈的作家。

▶ 1967 年战争期间，以色列参谋长拉宾将军、国防部长摩西·达扬与以色列占领区的阿拉伯人交流

果尔达·梅厄（1898—1978）

　　果尔达·梅厄出生于沙皇俄国，在美国受教育。1921年，果尔达抵达巴勒斯坦。在以色列宣布建国的四天前，她秘密前往约旦，竭力劝说约旦国王阿卜杜拉不要进攻这一新建国家。1949年以来，她一直是以色列议会里最具影响力的人物。六日战争后，她被选为刚统一的以色列劳工党的秘书长。1969年，她就任以色列总理，1974年卸任。她的坚定和权威让她获得了"内阁中唯一的爷们"称号。

◀占领西奈之后，以色列士兵在苏伊士运河东岸观察埃及阵地

▶在苏伊士运河岸边进行的消耗战中，以色列军队炮击埃及炼油厂

1973
十月战争

　　苏伊士运河沿岸的消耗战、针对以色列平民和海外犹太人的恐怖活动打断了1967年六日战争后的六年和平时光。这六年是人们盼望恐怖的战争早日结束的六年。1973年5月，以色列举行了建国25周年庆祝活动。

　　以色列人民梦想与邻国和睦相处，无忧无虑地耕种自己的田地、教育下一代，而不必时不时惊慌失措地躲进防空掩体。这时候，人们松了一口气，建立犹太国家的伟大尝试终于度过了四分之一个世纪。

　　赎罪日是犹太历中最为神圣的日子。人们要在这一天斋戒、祈祷。1973年10月6日星期六赎罪日的清晨，大多数以色列人在犹太教堂里。斋戒从前一天的日落时分开始，一直要持续到第二天日出。第二天晚些时候，人们要举行"伊兹科尔"（Yizkor）仪式，纪念逝去的家人、朋友。在以色列，还要纪念那些为国捐躯的烈士。

　　突然，平静肃穆的气氛被空袭警报和接到紧急归队命令后四处奔走

▲以色列国防军的徽章——橄榄枝缠绕的利剑

军事胜利

　　10月16日，哈依姆·埃利兹（Chaim Erez）上校指挥20辆坦克和7辆装甲运兵车从苏伊士运河西岸出发，搜寻和摧毁有碍以色列获得对苏伊士运河制空权的埃及地空导弹基地。12个小时内，埃利兹上校和他的部队进入埃及边境25千米，发现和摧毁了两个重要的埃及导弹基地，以及20辆埃军坦克，以军仅有一人受伤。

的士兵们打断。召集起来的 38 万人中，其中 30 万是平民预备役人员。他们的日常身份是工人、农民、店主、教师、学生、医生、律师、科学家、音乐家。他们被征召，是因为他们是这个现代国家里四肢健全的男性。

事先没有任何警告和宣战声明，埃及和叙利亚同时对以色列发动战争。下午 2 时 15 分，埃及军队越过苏伊士运河，占领了运河东岸的几乎所有以色列军事前哨。同时，叙利亚军队越过戈兰高地，向西长驱直入。

经历了最初的一片惊恐之后，以色列防卫部队浴血苦战 19 天。战争结束时，埃及和叙利亚军队不但都被击退回原来的位置，以军甚至还攻入叙利亚和埃及境内。每一场战斗都是对双方的严酷考验。在戈兰高地阻击叙军坦克时，以色列将最后一批预备役部队投入战场。在击退叙军的过程中，每天都是激烈的争夺战。

在西奈沙漠，收复苏伊士运河东岸、穿过运河进入埃及境内需要付出极大的艰辛。10 月 16 日清晨，以军士兵在阿里埃勒·沙龙的指挥下，

▲ 1973 年战争期间西奈沙漠作战的以色列士兵

仅用几个小时就完成了这一任务。在 7 个小时内，以军建立了一个纵深 5 千米的桥头堡。在联合国安理会要求 6 天内停火的呼吁生效之际，运河西岸的以色列先头部队距离开罗仅有 101 千米。

到战争结束时，2 522 名以军士兵在这场战争中牺牲。以色列沉浸在一片脆弱无助的情绪中。邻国什么时候才能打消消灭这个犹太国家的念头？曾经参加过 1948 年、1956 年和 1967 年战争的老兵第一次看到他们的下一代不得不走上战场，难道他们在前三次战争中浴血奋战、饱受痛苦，就是为了他们的子弟再次经历冤冤相报的宿怨？

▲ 果尔达·梅厄和摩西
面对着饱受战争创伤的
以色列

有关教义的争论

　　10 月 12 日，战争开始后的
第二个犹太教安息日即将到来之
际，以色列塞法迪（Sephardi）社
区的首席拉比奥瓦迪亚·尤塞夫
（Ovadia Yosef）提出，在安息
日烤面包，即使在战争期间的安息
日烤面包也是有悖教义的。曾经在
1967 年六日战争中担任以军随军
教士的中欧系犹太人的首席拉比施
洛莫·戈伦不同意这一观点。他认
为，在战争时期因为烤面包而不守
安息日绝对是合情合理的。

埃及和以色列之间的停火线，1973 年 10 月 24 日

西奈半岛西北部，1967 年 6 月六日战争期间以色列军队占领的地区

十月战争期间以色列占领的，1973 年 10 月 24 日停火时以色列军队控制的苏伊士运河西部地区

1973 年 10 月 6 日之后埃及从以色列手中收回的，1973 年 10 月 24 日停火时控制在埃及军队手中的西奈半岛部分地区

地中海

贝鲁特

巴尔伊利亚斯

黎巴嫩

西顿

拉歇亚

哈斯拜亚

迈尔季欧云

赫尔蒙山

卡塔那

大马士革

基斯沃

提尔

谢莫纳城

马泽特拜特金

朱巴塔

戈兰高地

库奈特拉

萨萨

卡纳基尔

叙利亚

汉伊热布

杰巴

伊萨纳迈恩

卡夫尔沙姆斯

宾特朱拜尔

胡什尼耶

阿哈拉市

贾西姆

萨费德

罗什平纳

拉菲德

布特米耶

拉马特玛戈施米姆

谢赫米斯金

太巴列

加利利海

拿撒勒

塞哈姆戈兰

以色列

巴勒斯坦

约旦

耶尔穆克河

德拉

阿富拉

伊尔比德

贝特谢安

约旦河

0   10 英里
0   16 千米

© Martin Gilbert 2008   Artwork © Carlton Books Ltd 2008

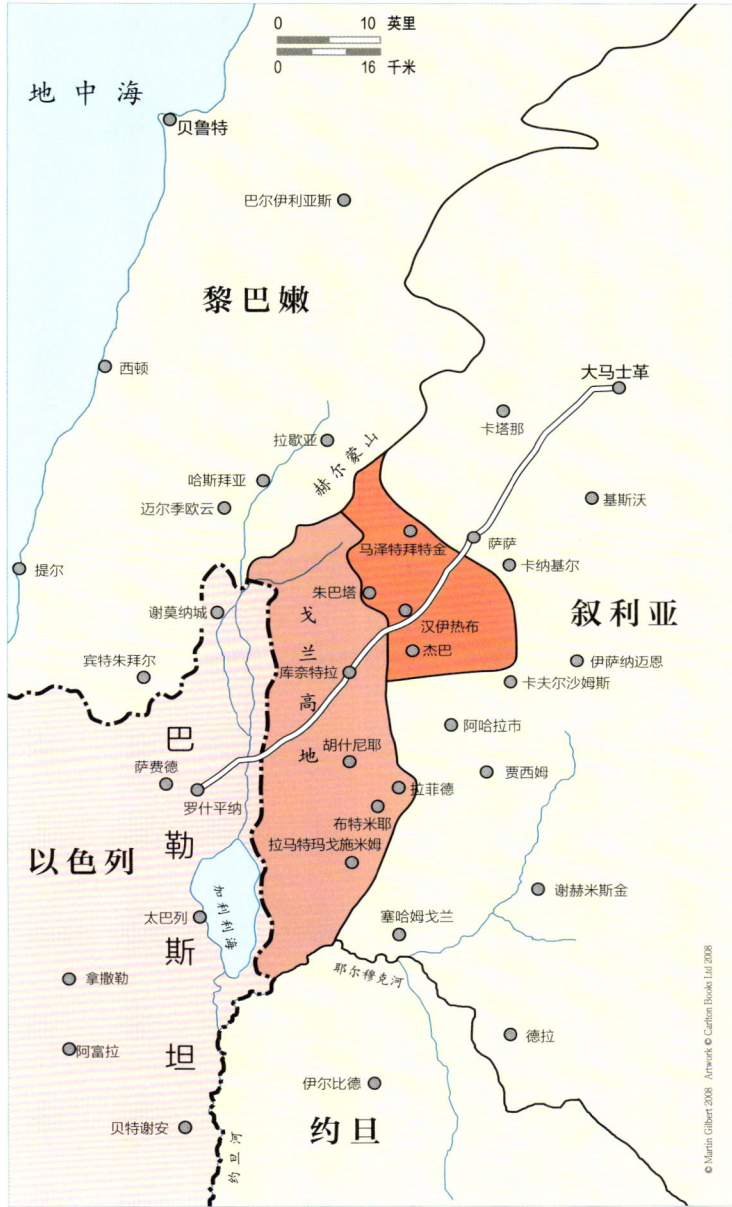

叙利亚和以色列之间的停火线，1973 年 10 月 24 日

—·—·— 1949—1967 年以色列边境线

1967 年 6 月停火到 1973 年 10 月 6 日叙利亚发动攻击时以色列占领地区

1973 年 10 月 24 日停火时以色列占领的叙利亚领土；1974 年，以军撤离这一地区

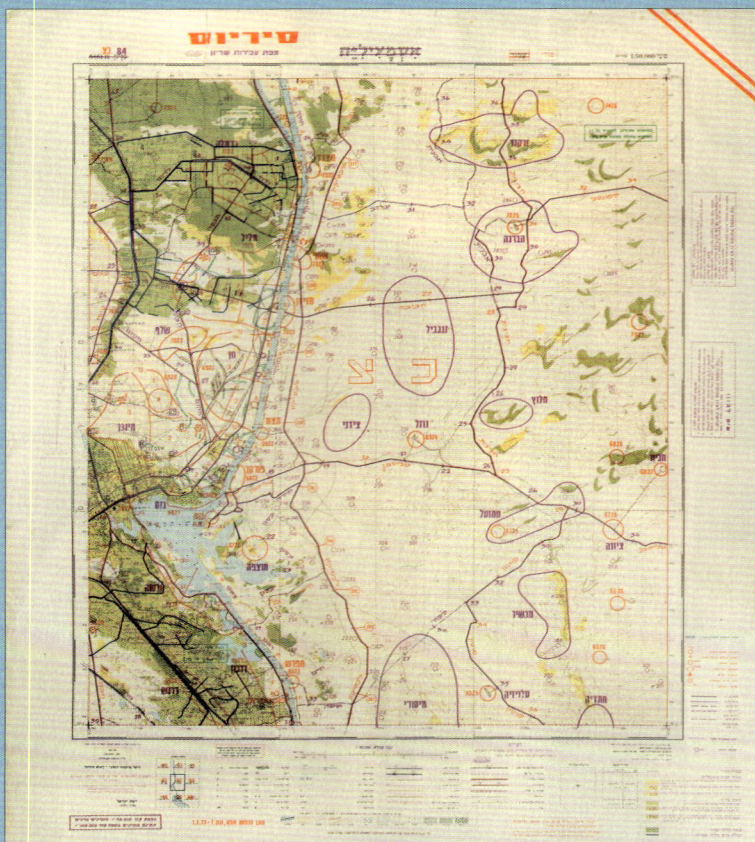

军用地图

1973 年十月战争期间使用的一张加密的军用地图。该地图显示了埃及城市伊斯梅利亚（Ismailia）北部和南部的苏伊士运河。伊斯梅利亚位于苏伊士运河的西侧。

译文

	名称	含义		名称	含义
A	Carmela	女孩名	N	Shachaf	海鸥
B	Chalil	笛子	O	Tsidani	—
C	Shelef	麦茬地	P	Nozel	液体
D	Chen	优雅、魅力	Q	Zangvil	姜（根）
E	München	慕尼黑	R	Havragah	螺丝螺纹
F	Nezem	鼻环	S	Zerakor	放映机
G	Chutzpah	傲慢	T	Chalutz	先锋
H	Varsha	华沙	U	Chamutal	女孩名
I	Dargash	沙发	V	Ziona	地名或女孩名
J	Darkon	护照	W	Machshir	器具、器械
K	Purkan	救赎	X	Televizia	电视机
L	Matsit	打火机	Y	Chamadia	地名
M	Chizayon	情景、场面	Z	Missuri	密苏里

马丁·吉尔伯特的日记

　　这是本书作者马丁·吉尔伯特写的 10 页日记。这些日记写在巴塞尔宾馆（Basle Hotel）的衣服送洗单上，记述了战争最后一个星期里发生在库奈特拉（Kuneitra）—大马士革公路上的一件事情。叙利亚军队的一发炮弹落在公路的右边。马丁·吉尔伯特描述了摄影师堂·麦克鲁姆（Don McCullum）的露面。最后一页是关于两个记者的简单描述。他们奉巴尔的摩一家报社的委托，寻找一名在当地有熟人的士兵。

"一发叙军炮弹在距离我们四分之三英里的公路右边爆炸。前方一英里处，左边，落下了一发叙军炮弹。"

"嘴里进了沙子。"

"现在炮弹距离我们远一些了——大约 2 英里。"

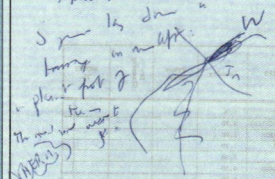

"机枪在向我们左方扫射！！"

"又看到两辆弹药车。"

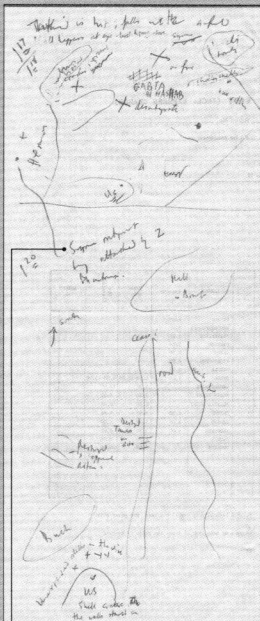

"回头看，炮弹不停地落在一条旧公路上。"

"2架鬼怪式飞机攻击了叙利亚前哨。"

"厕所的外门和墙壁上布满了弹孔。"

"卡车里的人望着战场，好像自己是看热闹的。"

1948—1991
苏联犹太人的大出走

1948年以色列建国时，苏联居住着数百万犹太人。在果尔达·梅厄作为第一位大使出使苏联时，苏联犹太人的热情欢迎让她大感意外：数千名犹太人拥挤在犹太教大会堂外，为的是看她一眼。

▼ 迈 克 尔 · 贝 塞 尔（Mikhail Beizer）牵头对一些犹太人生活的列宁格勒进行了一次秘密的历史考察

苏联政策不允许人们大规模移民出境。苏联境内的任何少数民族都不允许离境。政府限制基督教、伊斯兰教、犹太教的礼拜活动。因此，教授和学习以色列的语言——希伯来语——也是受限制的。

以色列建国的最初 20 年里，苏联有意压制境内犹太民族情感的各种表达。报纸将以色列描绘成苏联的大敌。1967 年战争爆发之后，苏联的广播电台、电视台和报纸的评论员不约而同地幸灾乐祸，说是以色列要被从地图上抹掉

纳坦·夏兰斯基（1948—　）

安纳托利·夏兰斯基（Natan Sharansky）——后来取了希伯来语名字"纳坦"（Natan）——上学时天资聪颖，酷爱下棋，曾经为访问莫斯科的犹太人担任翻译，并汇总了被当局拒绝出具出境许可的犹太人的名单。因为 1978 年被判 13 年劳役，他由此成了苏联犹太人的象征性人物。1986 年，经过 9 年监禁之后，他被允许移居以色列。在这 9 年中，相当长的时间里，他被单独关押。最后，他进入以色列政界，身居部长职位。照片摄于 1979 年的莫斯科。

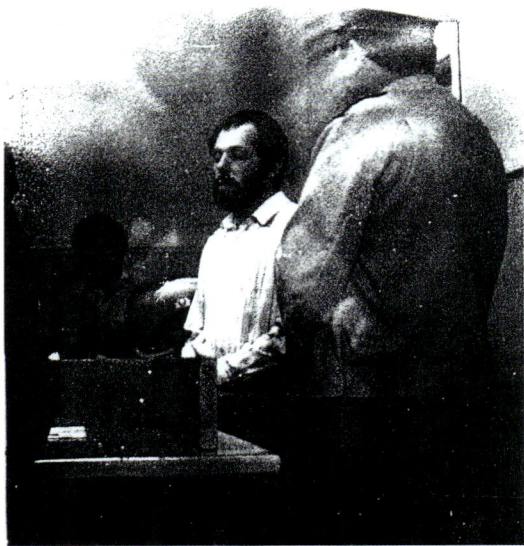

▲ 埃维格尼·莱恩（Evgeni Lein）因为参与争取移民权活动在苏联法庭受审，被判流放西伯利亚一年

了。然而，形势的发展并没有让他们如愿。以色列在战争中取胜。苏联犹太人的情绪和精神为之大振。先前的恐惧和羞耻被自豪和归属感一扫而空。

突然之间，苏联犹太人要求政府颁发出境签证。这一要求被拒绝之后，那些所谓"被拒者"开始直言不讳地提出自己的要求。苏联"克格勃"驱散他们的集会，监听他们的国内和海外电话。1970 年 12 月 24 日，列宁格勒（今彼得格勒）的一群犹太人以非法手段弄到一架 12 座小型飞机，想要乘机飞往瑞典，结果被抓住。其中两人被判了死刑。消息传出之后，在英国哲学家伯特兰·罗素的发起下，世界舆论一片愤怒的声讨声。后来，苏联屈于压力，改判长期监禁。

以色列政府一直认为有责任保护世界各个角落受迫害的犹太人，外交人员多方奔走斡旋，尤其积极设法为苏联犹太人争取移居以色列的权利。作为一个建立在移民基础上的国家，以色列将苏联犹太人看作是提升国家活力的一个天然的、巨大的人口来源。

以色列政府在特拉维夫建立了一个办事处。这个被称为"无名办事处"（Office With No Name）的使命是秘密地与苏联各地的犹太人接触，

艾达·纳德尔

作为一个性格独立的人，在长达 10 年的时间里，艾达·纳德尔（Ida Nudel）一直是莫斯科犹太人中积极争取移民以色列权利的中心人物。她积极联系因参与这一活动而入狱的犹太人，经常给他们写信，给他们寄送食品、药品和书籍，并前往劳改营和监狱探视被关押的犹太人。她还代表他们与政府谈判。1978 年，她在莫斯科自家的阳台上公开抗议政府的所作所为之后，被判流放西伯利亚四年。她的事迹引起了全世界的关注，包括简·方达。1987 年，纳德尔移居以色列。

◀犹太文化领域的活跃分子：约瑟夫·贝根（Yosef Begun，位于中间，双手绞在一起）因为教人学习希伯来语先后三次入狱；尤利·斯什罗夫斯克（Yuly Kosharovsk，手持吉他）是希伯来语教师；利奥尼德·凯尔伯特（Leonid Kelbert，侧对镜头站立）是剧作家，作品主要反映犹太问题

◀艾达（Ida）和阿巴·塔拉图塔（Aba Taratuta）是列宁格勒的两名教师。他们鼓励列宁格勒一带的犹太人移民以色列。现在，他们居住在以色列

◀格里沙·瓦萨曼（Grisha Vasserman）是列宁格勒一位勇敢的希伯来语教师和信仰犹太教的领导者。他和妻子、女儿在一起

▶一个苏联警察从列宁格勒一群正在示威、争取移民以色列的犹太人身边走过。右边穿着浅色便服的警察伸手要把示威者手中的一个标语夺走

▶来自苏联的一批犹太人抵达本－古里安机场。这是 1971 年犹太人第一次大规模移居以色列的开始。抵达机场后，他们很快获得了"teudat ze'ut"（公民身份证）

协调世界各国犹太人争取移民权利的斗争。斯图尔特·沃特曼（Stuart）、伊妮德·沃特曼（Enid Wurtman，两人在费城领导了苏联犹太人的移民权斗争）等人移民以色列，就是为了表明他们与那些正在努力离开苏联的人团结在一起。和沃特曼夫妇一样，数百名散居他乡的犹太人和以色列犹太人带着祈祷书、希伯来语识字课本前往苏联，为无法移居以色列的数百犹太家庭送去精神上和物质上的支持。

以色列公民身份证

　　1972 年 11 月颁发给迪娜·贝利纳（Dina Beilina）的以色列公民身份证。之前，她的移民许可曾遭到拒绝。根据 1952 年以色列颁布的《国籍法》（Nationality Law），愿意移民以色列但被所在国当局拒绝的犹太人可以就地成为以色列公民。1978 年，她终于到达以色列。

POSTAL SERVICE OF THE UNITED STATES OF AMERICA

Administration des Postes des Etats-Unis d'Amérique

Postmark of the office
returning the receipt
*Timbre du bureau
renvoyant l'avis*

C5

PAR AVION

POSTAL SERVICE
Service des postes

To be returned by
the quickest route
(air or surface mail),
à découvert and post
free. A blue AIR
MAIL label or
imprint is to be
affixed to advices
returned by air.

*A renvoyer par la
voie la plus rapide
(aérienne ou de
surface), à découvert
et en franchise de
port. Une étiquette
ou une empreinte de
couleur bleue
« PAR AVION » est
apposée sur les avis
renvoyés par avion.*

PS Form 2865, Sept. 1975

RETURN RECEIPT
A vis de recéption

To be filled out by the sender, who will indicate his address for the return of this receipt.
A remplir par l'expéditeur, qui indiquera son adresse pour le renvoi du présent avis.

| Name or firm | Nom ou raison sociale |

Martin Gilbert

| Street and No. | Rue et no. |

10 East 40th Street   Suite 907

| City, State and ZIP Code | Localité |

New York   NY   10016

UNITED STATES OF AMERICA   *Etats-Unis d'Amérique*

| Registered article
Envoi recommandé | ☑ Letter
Lettre | ☐ Print
Imprimé | ☐ Other
Autre |

☐ Insured parcel
Colis avec valeur déclarée

Insured value
Valeur déclarée $ _____

Office of mailing   bureau de dépôt

Date of posting Date de depot No.

K 22 5 0 X 92

Addressee (Name or firm)   Nom ou raison sociale du destinataire

Ida Nudel

Street and No.   Rue et No.

Sovietskaya   69/2

Place and country   Lieu et Pays

Bendery   278100   U.S.S.R.

This receipt must be signed by the addressee or by a person authorized to do so by virtue of the regulations of the country of destination, or, if those regulations so provide, by the employee of the office of destination, and returned by the first mail directly to the sender.

Cet avis doit être signé par le destinataire ou par une personne y autorisée en vertu des règlements du pays de destination, ou, si ces règlements le comportent, par l'agent du bureau de destination, et renvoyé par le premier courrier directement à l'expéditeur.

Postmark of the office
of destination
*Timbre du bureau
de destination*

☐ The article mentioned above was duly delivered.
L'envoi mentionné ci-dessus a été dûment livré.

Date 16. 12. 1985

Signature of the addressee
Signature du destinataire

do we have hope?

Signature of the employee of the office
of destination. Signature de l'agent du
bureau de destination.

To be filled out by the office of origin.
A remplir par le bureau d'origine.

To be completed at destination.
A compléter à destination.

收件回执卡

这张 1985 年 11 月 27 日从纽约寄出的收件回执卡（亦称"粉卡"）附在一封挂号信之后。收信人是艾达·纳德尔。之前，她的出国许可被苏联政府拒绝。艾达收到了这封信。在回执卡的签名处，她写道："Do we have hope?"（我们还有希望吗？）

1973—1978
直面恐惧，谋求和平

　　1973年10月战争结束后，以色列希望回到正常的和平状态。要想做到这一点，首先要针对作为昔日战场的那片土地的归属问题寻求一个解决方案。

　　由美国出面，尼克松总统的国务卿亨利·基辛格在相关国家之间进行了一系列艰难的"穿梭外交"，促成了两项协议：1974年1月，在联合国的监督下，在戈兰高地建立一个非军事区；1974年5月，联合国在以色列和埃及军队之间建立一个缓冲区，将两国军队隔离开。

　　就在这些边界和平措施实施之际，亚希尔·阿拉法特领导的巴勒斯坦解放组织从约旦和黎巴嫩对以色列发动了大规模袭击。数十名以色列平民在袭击中丧生，包括1974年5月15日以色列北部马阿洛特市

◀ 1976年7月4日，被劫持到恩德培（Entebbe）的人质返回以色列，抵达本－古里安机场

164

安瓦尔·萨达特（1918—1981）

1971年9月，前军官安瓦尔·萨达特（Anwar Sadat）就任埃及总统。1973年10月，萨达特派埃及军队进攻以色列。后来，他被迫终止那场战争，承认失败后，他决心通过谈判，要回1967年以来被以军占领的整个西奈半岛。为了实现这个目标，他于1977年对以色列进行了一番诚挚的访问。1979年，他在耶路撒冷的以色列议会上发言，与梅纳赫姆·贝京总理签订了和平条约。

▶ 1977年11月19日，埃及总统萨达特（Sadat）抵达以色列。众多以色列政要聚集在本－古里安机场停机坪迎接他。这些政要包括1973年战争的对手果尔达·梅厄、1973年担任以色列国防军参谋长的伊扎克·拉宾（果尔达右边，没有戴帽子，穿着正装，系着领带）。对于以色列人来说，这是一个充满猜疑的时刻，也是一个充满希望的时刻

（Ma'alot）一所学校里被炸死的20名学生、1975年7月4日被藏在路边冰箱里的炸弹炸死的大巴车上的13名乘客。

同时，巴解组织频繁活动，设法推动世界舆论谴责以色列的存在。1975年11月10日，曾经在一年前接受巴解组织为所有会议观察员的联合国，投票谴责犹太复国活动为"种族主义行为"。在正式表决时，所有的17个阿拉伯国家、13个共产主义国家、22个撒哈拉以南非洲国家，

以及包括墨西哥、巴西、土耳其、印度在内的其他 20 个国家谴责以色列。也有一些国家拒绝给以色列贴上"种族主义"的标签。这些国家是英国、加拿大、美国、澳大利亚、新西兰，以及除葡萄牙之外的所有西欧国家。

以色列，这一中东地区的民主国家通过世界各地的代表为自己发声。然而，长时间占领约旦河西岸和加沙地带，不断在这两个地区建立犹太定居点，招致了大量的批评声音。

以色列想要与阿拉伯邻国实现和平共处。他们实施了名为"好篱笆"（Good Fence）的边境开放政策，让黎巴嫩南部的阿拉伯人大受裨益。1976 年 6 月至 1978 年 4 月，大约有 3 万名信仰基督教和伊斯兰教的黎巴嫩人穿过边境进入以色列就医。

1976 年夏，阿拉伯敌对分子劫持了法国航空公司一架从雅典飞往巴黎的客机。他们要求飞机飞往利比亚的班加西，然后前往乌干达的恩德培。在恩德培，非犹太乘客被释放，剩下的一共 98 名犹太乘客被当成人质关在旧机场大楼里。以色列国防军制定了大胆的营救计划。他们派人飞往恩德培，将人质解救了回去。组织这次营救活动的军官约尼·内塔尼亚胡（Yoni Netanyahu）在行动中牺牲。20 年后，他的弟弟本雅明被任命为以色列总理。

梅纳赫姆·贝京（1913—1992）

梅纳赫姆·贝京是以色列地下组织伊尔贡的指挥官。1943 年，伊尔贡向英国托管当局宣战。贝京带领这支地下武装袭击英军士兵和军事设施长达五年，击毙了很多英军士兵。很多伊尔贡成员被逮捕、囚禁甚至绞死。这种报复与反报复导致伊尔贡和英军双方都伤亡惨重。1948 年，贝京建立了以色列自由党（Herut）。1973 年，他接受阿里埃勒·沙龙的提议，联合组建反对派，结束了工党主导以色列政坛的局面。1977 年，贝京带领新成立的"利库德"（意为"团结"）集团赢得了大选。

1977 年 11 月，一件戏剧性的事情发生了。四年前宣布对以色列开战，将整个国家卷入战争的埃及总统安瓦尔·萨达特从埃及飞赴以色列，主动与昔日的敌人讲和。在萨达特做出这番努力之前，英国和欧洲共同体其他八个国家、加拿大、摩洛哥等国做了大量说服工作和耐心的外交斡旋。摩西·达扬和摩洛哥国王哈桑（King Hassan）在摩洛哥进行秘密会谈，为以色列和埃及的和平会晤铺平了道路。

萨达特抵达耶路撒冷之后，双方进行了持续而有建设性的谈判。1978 年 9 月，在华盛顿特区附近的戴维营，萨达特会见新任以色列总理梅纳赫姆·贝京。在东道主卡特总统的见证下，双方签订了和平协议。以色列将西奈半岛归还埃及。双方还同意在约旦河西岸、加沙地带建立一个"选举产生的自治政府"，为巴勒斯坦阿拉伯人实现自治打开大门。

1982
黎巴嫩战争

1978年9月17日，埃以签订《戴维营协议》。随后，以色列从1967年以来一直占领的西奈半岛撤军。

面对巴勒斯坦解放组织的袭击，以色列没有继续执行《戴维营协议》的第二部分，即建立自治的巴勒斯坦政府。

签订《戴维营协议》后的两年里，在欧洲活动的巴勒斯坦暴力分子杀害了39名平民。以色列北部村庄经常遭到来自黎巴嫩境内的炮弹袭击——1970年9月巴解组织推翻约旦国王侯赛因未遂后，转移到了黎巴嫩。1970年的9月成了巴解组织的"黑九月"。那场冲突造成该组织2000多名士兵和至少1000名约旦平民丧生。

▲ 第六代耶路撒冷居民施洛莫·阿尔戈夫遇刺一事，成为以色列入侵黎巴嫩的导火索。2003年，一直瘫痪在床、丧失自理能力19年的阿尔戈夫去世，终年73岁

◄以色列国防部长阿里埃勒·沙龙在地图上指示以色列军队进攻黎巴嫩

▲阿里埃勒·沙龙（最左）就萨布拉和夏蒂拉的巴勒斯坦难民营的屠杀事件回答国家调查委员会的调查提问

1982 年 6 月 3 日，巴解组织的一个成员行刺以色列驻英国大使施洛莫·阿尔戈夫（Shlomo Argov），导致后者重伤。同时，来自黎巴嫩境内的炮击仍在继续。6 月 6 日，以色列军队发动了"加利利和平行动"（Operation Peace for Galilee），入侵黎巴嫩南部，打算消灭巴解组织的战斗力量。策划这场入侵的是贝京政府的国防部长阿里埃勒·沙龙。

起初，贝京只批准以军向黎巴嫩境内有限地推进 40 千米，沙龙表示同意。然而，后来沙龙不顾事先约定，擅自命令部队长驱直入，直抵贝鲁特城下，超过事先约定的界限 50 千米。

1982 年 9 月 17 日，以色列部队包围了贝鲁特，黎巴嫩基督教民兵趁机进入萨布拉（Sabra）和夏蒂拉（Chatila，亦称 Shatilla）两个街区的巴勒斯坦难民营，杀害了巴勒斯坦大约 313 名成年男性穆斯林、15 名妇女和儿童，以及黎巴嫩 100 名成年男性、15 名妇女和儿童。后来，以色列司法调查委员会批评沙龙，因为他没有采取有力措施约束基督教民兵。调查报告说，沙龙"完全没有考虑人道主义原则"。后来，虽然沙龙从国防部长的职位上辞职，但一直未离开政府。

　　黎巴嫩的战事一直持续到 8 月。后来，黎巴嫩和以色列签订协议，巴解组织从以色列军队包围的贝鲁特城中撤出。亚希尔·阿拉法特带着巴解组织流亡突尼斯。虽然地处偏远，但他们依旧经常开展暴力行动。

　　以色列和巴解组织在黎巴嫩的交火造成大量伤亡。3000 多名巴解组织成员和 368 名以军士兵丧生，还有 500 多名黎巴嫩平民死亡。以军撤离了贝鲁特及其郊区，但仍然占领着黎巴嫩南部。战争仍在继续。在以军最后撤军之前，又有 200 名士兵阵亡。对于一个小国家来说可谓代价高昂。

　　1983 年 12 月，巴解组织声称对贝鲁特的一起公交车爆炸事件负责。在那次爆炸中，6 名平民被炸死，包括两名儿童。另外，巴解组织的一个连队从黎巴嫩南部边界地带向以色列北部城市科雅特谢莫纳（Kiryat Shmoneh，这座城市建立于 30 年前，目的是安置来自阿拉伯国家的以色列犹太难民）发射了数枚火箭弹。虽然没有造成人员伤亡，但是那座城市的市民和儿童从此每周有很长时间不得不在很深的防空洞里度过。

　　1985 年，以色列从黎巴嫩南部撤军。不过，以军在以色列边境一侧设置了纵深为 5 千米—6 千米的安全地带。冲突一直没有完全停息。在最初的 5 年里，60 名以军士兵和 320 名巴解组织的嫌疑人在这里丧生。暴力冲突什么时候才能结束？和平什么时候才能降临这片圣地？

国内的反对声音

　　黎巴嫩战争让以色列民众和国防军中第一次出现大量不满的声音。很多以色列人，尤其是作为反对派的工党，认为军方的行为属于侵略。1982 年 9 月至 1983 年 6 月，60 名以军士兵因为拒绝服预备役而被监禁。

地 中 海

贝鲁特

6月8日

达穆尔

海上登陆
6月6日

西顿

6月7日

阿利

什陶拉

扎赫勒

6月8日

6月11日

6月7日

6月10日

6月11日

阿瓦利河

杰津

6月10日

6月7日

扎赫拉尼河

6月8日

拉谢亚

6月8日

哈马迪耶

利塔尼河

迈尔季欧云

波佛特

哈斯拜雅

6月6日

6月6日

提尔

拉希迪耶

6月6日

赫尔蒙山

叙利亚

戈兰高地

黎巴嫩

谢莫纳城

以
色
列

巴
勒
斯
坦

库奈特拉

6月6日

宾特朱拜尔

Map © Martin Gilbert 2008
Carlton Books Ltd 2008
Artwork ©

本书地图系原文插附地图

审图号：GS（2022）2012号

1982 年以色列与黎巴嫩的战争形势

以军的主要进攻方向　　　　　1982 年 6 月 11 日的以军前线

以军进攻日期

以色列国防军期刊

以色列国防军期刊《军营风采》（*Ba'Machane*，1982 年 6 月 9 日）报道了黎巴嫩战争。这期杂志提供了有关前线形势的第一批报道，其中包括争夺波佛特要塞（Beaufort Fortress）的战斗："波佛特的大火烧了一整天，不过守军还是没有被连续几个钟头的猛烈炮火击溃。"标题页照片的说明文字是："在提尔的郊区，士兵在建筑物林立的街道上向前冲。"（译文参见本书第 217—219 页）

פקודת יום לחיילי צה"ל

חיילי צה"ל ביבשה, באוויר, בים ובעורף.

לאחר תקופה ארוכה של מעשי רצח, חבלה והתפוצות ישובים אזרחיים, פתח צה"ל בפעולות סריקה אחר מחבלים ובסיסיהם בדרום לבנון.

מטרת הפעולה — הרחקת תותחים ומשגרי רקטות של המחבלים מישובינו האזרחיים.

זכותנו לחיות בארץ ישראל חיים שקטים ושל-ווים, כמו כל עם אחר וכל מי שמתנכל לנו — נילחם בו עד חורמה.

אין זו מלחמה בסורים, ואין לנו כל רצון לפגוע ולשבש אורח חייהם של אזרחי לבנון, שידם אינה עם המחבלים.

חיילי צה"ל אמונים על מטרות הפעולה וידעים היטב אורח התנהגות מוסרית בשטח אויב.

עיני כולם מופנות בשעה זו לחיילי צה"ל הלוח-מים למען כל העם בארץ ישראל והיהודים בתפוצות הגולה, אשר גם הם משמשים יעד ומטרה למרצחים.

נשלים המשימה ונחזור למולדתנו מחזקים וישובו השקט והביטחון לישובי הצפון.

רפאל איתן, רב-אלוף
ראש המטה הכללי

אחרי הירוט, ההפצצה מן האוויר וההפגזה מן הים והיבשת, כאה תנחיתה, וחלקם של הצנחנים מתחיל: עם הזוחלים על הגב, המתנה בצד הדרך, לפני הזינוק הבא קדימה. (מיכאל צרפתי)

כשרק האש וכתום הסיחור, נע הטור קדימה לאורך כביש החוף הלבנוני. (מ. צרפתי)

הצינ"דים" מונחים בסטֶנד, והאֲנשים מקשיבים לתדרוך אחרון: כוח הצנחנים על
נחתת חיל־הים ביום הלחימה הראשון. (מיכאל צרפתי)

הכופור בער
כל היום

ימי השעטה הראשונים היו רצופים חזיונות תעתועים

פריט אחד לפחות נראה היה במדינה
בציור הלומאנסה: לבנן הרמל בו ניתן
האות, עם רדת התשיכה, שוב לא נוסק
איש לשעון: את מבצע הכופור גרין
היה לבצע וצריך היה לבצע בערב מהר.

קצין תחזוקהה העבצבי: וילי ה
ותיקי הצמיא אחו לרשת, החשמתאה
היתה בכתי מוגנת ואלה היה כבר לפני
שעת שהיה לבטא מדיה של צבא חול כי כי
בוא החרומטת במלחמות דם הכופורים.
כמו החרומו בשעתו, שאת כיכווה ה
קרב בישרה למרחוק מדורות הקרב, שב
עות בצבלא ההוא במושך יום תמטם, כן
בער הכופור בטשר כל יום הראשון כולו ן
בוער ואינו נמחר מתח אשה של ה
המטוה תקשת, אשר ניתחה עליו במשך
שעות ארוכות, ארוכות.

נמשך כל חיום כולי בער הכופור וכי
י רדה החשיכה, החלה התעקלות
אליו, צוו לקשר, פתוח ותיקיי האזיני
סא"ל י' ללוחיום. מפקד נפצע ומפננה
י דיח בקשר: י אינט אנ אנכל לח
יתם, מאות בלכרי אפשרי להחליית, אני
דעת, כי בלמ אינ חוא מפרשט עוד קר
של הקטלה: גם מעט כיבוש החרומו
נפטע אחד הקצינים, זה מהה זה אמר דור
י ין, חוים אלף פיקוד חופסקף וי
ענה אותו אל במר ידיע.

אך אם תמונת הקרב אשר יחיה
להיכרב מנסוסאח רק אחרכי, כאשר ה
כליס יהיחתו אל תמטמי החיידות וליווחדות
אחור מיחבטוט הכליהטסם מראשות לחי
קיר חטמרטו, ומאחרו יותר – לשאית
ותוכוות בים ובין עצמם, היום, כבר
לא נמטא אותם שם כל מבצר החורום
מטבטר לעצמות, שמתון בלקח נשיל הר
הרב, הם לקחו לחיים עקיקשא במשך
לילה ארוך על התחומם, הבישדוים. בי
מאוחות הכוומים המטטמטים, עמ
הקוב נשף את מוב של המצבר חשאה
וירד בטדרוני, שטניים קדימה.

בדרכם מן המצבר אל הטיידים מחמט,
אולי שמע נשמע כשם מוה, שבנבטן תךן
חושות, כי ראש המטשלה בא לשם פ
בוקר.

חיטמו הראשונים של חשבנ הם ימים
של שעות. כזמות יטטמת נעטטת לכרב עבר
פרן, יחוחהה מן מהארשולה לקרב על בניטים,
על צבר. אבל המטבתם שועטט קדימה
והטרים פתוחים.

הכות, אלי הטסוטם עטה, חצה אח ה
שי עקינ וחלק בכטריטם שמטט ברבט
רם הגביר את האמטה והמחטומו
ומאוחר יותר: רא האטבקדחא שירות
האטקטו צמטטם: מיט, תחמטשם
דלק, מיון. חארברד חכות, ברא הבגנה,
שטל לפרירט מטס, מטחין שטן הקרבטם
מטבכ לעיר.

עמדות יונינ"י המטטבה מדרמו לפי
חיו מאחישטות עדיין באטמו בוקר. כלי
רבב מתמנונים אבן חמם שטמ גטס מן טטר
על הכביש, כרא חיילים ברפמוש בבקר.
מבטצ שטש מ איוטמטא ושטטט של ניטוד.
יש רוחטם הוואחט ברוטית, כמטמטבר: לט
לחוויטבד ותחטבטף ערך גימות.

צרטם מן בי כפר עורטיית, לפד חדרך
המטבמה מערכה. כמו יום של כבטטה
בקיבוץ בימטם של טור טכבנטת אוטו
מטטה: סדין, מטפ, מטבב, טטחבו –
קטלוטים מן סדון, במלוק פילוטטים טפטטירם
הטלה שטטח אטורטה אחרתם פערטו אות
מטם מטבעטם בטם להטטחום: האם כך
מאחוטתו כלל האבאטומ חטמטמטלטם בטן בַ
הנטם הטטתוךטטם ו עׄרטטה חחוירה ו
אנגליק עילונה מצד אחד, ערכיח מגוטלמטה
ואנגלת עילנה מן חצד השנח. יבטורף
חטנטטם.

חיילו צנ"ל, עים, מאוטקטם, טחר
טטם מתטטטחם, מחיחכום של הזמן. כתחר
גיא את האוטקטובות. לרפות את חוטא.
ילדים וטקנם בטצד כל מטטה, גברם אינם
רם איטם נראם במעט, אולי לא בממל

פה. וזהו לבו של האיזור, אשר עד יום
א' נשלט שליטסה מלאה על־ידי מחמב־
לים. לאורך הכבישים הצרים מתפתחלים
בין כפר ובתוהם, מכוניות מטרמת
כרמות בגווניה שונות ונשעינות – תי
צאת מעבַר חטנקנים, מפסד פלוח תקנ פ
כמו דומעצל: י ליתהא דדֶן אחת
בקרב חלילי. מוכל דומה מסיים מה היה
של מסכונית וילו שכורה, בעלת מטמר
ישראלי, צלות עיתונאיחרת' ירד מבמה
לרגל כדו לצלם ובחינוחות הגיעו למטום
מסוכלות לעכף ואסרו כה לעטוד, עיתוח
אי החרן ניצבים במרחם מטרים אות
בטיות מעיוטים הולכו נעלמים לנד ל
יתם.

פרט לממונטות המעוולוט נרא בציר
זה סימטני מלחמה מטסים מאוד. חבטסט,
בנובת הנוקריע, אינם מנטיים. נראה ש
כרא התמנווווד, של המחבלים כאן לא
היה רב, וחם העדיפו לחימטום.

יותר מן הטקנים – יותר מן השיפות,
יותר מן המחבריים – הם מסיעת חוטת
מאטטויטם מעתקר על־ידי הטונ. אבך מחג
פטי, שמטל לשטטמים טבה סטם. ואבם
שמעתום אנינטו החטחים והגבלטה. ב
מטן שטט ודאי לא מטברים בנבטטם הט
רם האטלה כלם טליבד, כמו שמטר
כאן בטטו יבמה, שטיט, חרמטם, אפטל
טה, רבב פטנו, פה ושם כתם של מט
ניות אזרחיות עם עטטאטטיס חוב מטי
חמני"ש. חובלה ואמבלונטם, ארן טמק,
שנאו רואים את מצ"ד במבלם עטמוטם,
הרבה והמורחוטם ואם חוי כל אנמ נך
די ל מצי, וראי ההחא המטד מטאד מאוד.
מעבר לכטטט שלסמאטן, מטך בל דרום
מערב. ברגאה, טולטה ארטטלרטה. אטן
שומעטם את הרעמטם, אולי בלמ שאטן
הלכם בדרך. מאוחרד יותר מבדברטם על
טולטה, שהסטסטר מעל לראשטם לטטטן
צטדוט ועל טולטאטם שטנט נך עוטף וחקטר
את עות מצטּ.

מדט פעם – חחטנוט תטטתַטטו על
חטטטמ. אבטלבלף לבטטת עם טור מטבד
ואבדוץ לטלף לבטטנ פטטטפוטם, כ חף
קדטטו. מטטבב אנחטטרם את טמח טל־יד
קדחטטטה. אטלר מחבטטם אחדטם גטטם ב
עטטטרטל על לפטטטָ, אטמ אטטטר טפט את
חטרבב. לטד תטטל חטקל, וטסּטטאט שט
כף דור. טדטוט של פטטטתמ בגַרה
וטפטת מהטבב ההרטל עוד רטטטּ עט הט
קטטר, אטטט לבּטטטת פטטרה בגַלגלת מַדד
לבד חדכ־חם בּבטַאטה, ואטך בט חדכב ד הד
ראטטן, טמטן דַר בבטטה, ואטך דַרד חרטב
על חא חטא בּטַטָטה, מטטּטטי כמי טטטוחטה אץ
טבע על דפתטוט, סַטטטטרּ לַה עטטל טַטם
ראטטטה.

בהטטטענות טסַטטה, מטם טם פטה
דרַך טטטל טרה צמטַה, מהַל אטש בחלט
פח אטַטֶרהַ וטַטק בַבַרה. עַטטרטם אטטט, הטא
אַטֶ דובַר, אַה עַטבּטַה. מּטַאטט "טע
בטסַיַן" מטדטט: אַן 1 כַ. לַטַּרו:
לַאן 1 כַּ. כַ לַטַטַ.

והַאטט מעטַ דטַּרכַ תַחַ עַ חטַבַ
קַה חעַרברַה של מטַטַטם. מטַבּר טטטה
כּאַן, כַבּבּר הַטַאַו, בַטטַטַן פַטטַת. כַ
טַבּאן אַ אַטַרַ לַבּ עַטַרַ יַה מַם בַ ד
נטַל לַטַן מַלַחַמ לַ לַ. עַטּת אַן
בַרטַה, חַא מטַּבּר, מַטלַרַטם מ לַלַכ. ל
כַבּ טַטַ לַד לַבּטַרַט, טַלַד טַחַרַה,ַ עַלַה
טם על מַטטַ וטַטַרם חבַטַה. אַ מַלַחַמ
מַרָ, מַטַבּרַם מַ בַּטַרַה רַחַקַה. אַ אַטַ
אַטַ מַמַנַע את אַטַ רַ שַלַטַטּ. לַ אַט
כַ דַרַה.

חטַרַ רַא אַ מטַּרַ,ַ עַלַטַ
טַטַ, בַ חַלַט האַָר הַלַטַ
לַבַרַטטּ, בּרַגַל.

שֲתי תמונות
מן המצודה

מבצר המחבלים הֶלבנֶני –
לפני ואחרי, בהפֶרש של יומֶיים

יום א', צהרִיים, שעתִים אחרֵי שעת
וש ותמרוֶת ושן כבֶדות מתחטבטוֶת של
התבונות, חטמוֶל ומֶפֶצ מן האַויר עוֶד
זמֶן רב למ פֶרֶכז. הקטֶטה תַחֶמַזרַח של
רמֶת אֶרנֶן, 715 מֶטַר מֶל פַנַ חַיַם,
המֶבצֶר חַטֶם גֶלַטַַ הַעֶלכַטַם. וגַם אַחַרַ
אַחַר שֶאֶ,ט אַ טַעַטַ,ַ זַ זַ מַטַ
לַ פַעַמַַטם, אַטַ נֶמַט לַמַרַחַק. חַרַ
בַטַט מַבַטַ הַאַטַ הַגַדַל שַ עַ רַטַ אַטַן
(טַמַטַ בַעַמַד 8)

6

כמחנה

הלחימה בלבנון:
דיווחים ראשונים

עתון חיילי ישראל ■ גליון 36 ■ י"ח סיון תשמ"ב ■ 9.6.82 ■ המחיר חינם

שלום הגליל

צוותי "במחנה" מדווחים על 50 שעות ראשונות של פעולת צה"ל בלבנון ◄

1982—1991
艰难漫长的和谈之路

1982年5月19日，在约旦河西岸以色列占领区服役不久的六名预备役军官公开抗议国防部长阿里埃勒·沙龙命令中的"镇压措施"。

上述军官列举了以色列军方的种种"残暴"和"随意的集体惩罚"。

这六名军官的抗议——其中一名军官曾经因为在 1973 年战争中表现勇敢被授予最高荣誉勋章——催生了"即刻和平"（Peace Now）运动。在特拉维夫，8 万人举行大游行，抗议沙龙提出的他们称之为"铁拳"的政策。获悉一些以色列人在约旦河西岸酝酿另一场示威，意欲抗议沙龙加速犹太人定居点建设措施时，这位国防部长封锁了约旦河西岸，阻止抗议活动。

以色列社会分裂成立场严重对立的两个群体。1983 年 2 月 10 日，在以色列的一次"即刻和平"示威过程中，有人向游行人群投掷了一颗

伊扎克·沙米尔（1915—2012）

1935 年，伊扎克·沙米尔从波兰到达巴勒斯坦。1943 年，他建立了一个小规模的地下反英组织"莱希"，对英国人实施恐怖活动，包括 1944 年在开罗刺杀英国常驻中东公使莫恩勋爵（Lord Moyne），1948 年在耶路撒冷刺杀联合国调解人福尔克·贝纳多特（Folke Bernadotte）伯爵。1955 年，沙米尔加入以色列特工机构摩萨德。后来，他进入政界，成为强硬派人物。不过，在第二个总理任期内的 1991 年，他着手与巴勒斯坦人对话。

▲ 1991 年，美国总统乔治·布什（左侧站立者）向参加马德里和平会议的代表们讲话。从右数第三个，向前倾斜着身子，白头发的，是以色列总理伊扎克·沙米尔。系着红领带，敞着衣襟的是以色列外交部副部长本雅明·内塔尼亚胡。内塔尼亚胡右边，是埃及外交部长阿穆尔·穆萨

手榴弹。33 岁的埃米尔·格林茨魏格（Emil Grunzweig）被炸死。他是一名伞兵军官，曾参加黎巴嫩战争。现在，犹太人开始对付犹太人。

1984 年 12 月，一场非决定性选举之后，国家统一党（National Unity）领导的政府成立。工党领袖西蒙·佩雷斯成为以色列政府总理。他的利库德对手伊扎克·沙米尔担任副总理和外交部长。两年后，根据职位轮调协议，沙米尔担任以色列总理。

1987 年 12 月，约旦河西岸和加沙地带出现了一股暴力浪潮。巴勒斯坦人称之为"大起义"（Intifada）。以色列军队用催泪瓦斯、橡皮子弹来应对朝他们扔来的大量石块。当士兵的生命受到威胁时，他们就会动用真枪实弹。

1988 年 1 月，几个阿拉伯国家首脑在突尼斯开会，商议建立一个基金来支持大起义。同年 8 月，新成立的巴勒斯坦组织"哈马斯"（Hamas，阿拉伯语，意为"热情"，是"伊斯兰抵抗运动"的缩写，其宗旨是推动"圣战"）发布了一份声明：不仅仅是约旦河西岸和加沙地带，1976

◀ 马德里会议上的巴勒斯坦代表。左边是巴勒斯坦指导和监督委员会的负责人赛义卜·埃雷卡特（Saeb Erekat）。在马德里的三天是以色列、埃及、黎巴嫩、约旦、巴勒斯坦的代表第一次一起坐在谈判桌上

年之前的所有以色列领土都是穆斯林的土地，必须被"解放"出来。

随着巴勒斯坦人对以色列暴力活动的加剧，持温和态度的巴勒斯坦遇害人数也在增加：在大起义开始的三年里，697 名阿拉伯人死于以军之手，528 人被他们的巴勒斯坦同胞杀害。

国防部长伊扎克·拉宾提出，大起义表达了"那些小群体想要找到他们的民族身份并要求实现该身份的决心"。这一发现缓慢而稳步地推动了直接对话的开启。

以色列拒绝与基地位于突尼斯、不断发动军事行动的巴解组织对话，而是与约旦河西岸和加沙地带的巴勒斯坦人进行谈判。双方的谈判于 1991 年 10 月 30 日在马德里开始。当时沙米尔是以色列总理。后来，马德里和谈进程以华盛顿、渥太华、莫斯科、东京、布鲁塞尔、维也纳等地的巴以谈判方式继续进行。双方讨论的议题包括该地区未来的环境、经济合作、水资源分享和巴勒斯坦难民的未来。看起来，双方很可能商定一个彻底解决巴以冲突的方案。

▶约旦河谷。马德里会议的争论点之一就是怎样公平地分享该地区的水资源。照片中约旦河蜿蜒流过约旦（左）和以色列（右）之间。从 1948 年开始，图中约旦河右边的土地属于以色列

"所罗门行动"

　　埃塞俄比亚黑皮肤的犹太人虽然被隔绝于世界其他犹太群体，但他们坚持自己的信仰至少已有 2 000 年。1991 年，在埃塞俄比亚面临内战威胁之际，沙米尔政府果断地实施了"所罗门行动"，用飞机将 14 325 名埃塞俄比亚犹太人运到以色列。在此之前的 1984 年和 1985 年，已经有上万埃塞俄比亚犹太人在"所罗门行动"中被接到以色列。在这次"所罗门行动"中，以色列动用了 34 架客机，耗时 36 个小时。

1992—1994
和平进程：奥斯陆会谈及后续

　　1992年大起义数量的增加中断了马德里和平进程。1993年2月，新任美国总统比尔·克林顿派国务卿沃伦·克里斯托弗（Warren Christopher）前往中东，担任双方的"调停人"。

　　克里斯托弗希望以色列和巴勒斯坦能够重回谈判桌。美国民众当时还比较陌生的以色列新任总理伊扎克·拉宾和外交部长西蒙·佩雷斯在此前已经开始与当时非法的巴解组织进行秘密谈判了。

　　1993 年 8 月 20 日，在奥斯陆，以色列和巴勒斯坦谈判代表签订了《奥斯陆协议》(*Oslo Accords*)。这是以色列和巴解组织破天荒的第一个和平协议。这样，巴解组织就成为以色列决定约旦河西岸和加沙地带未

◀ 1995 年 9 月 28 日，约旦国王侯赛因、以色列总理拉宾、美国总统克林顿、巴解主席亚希尔·阿拉法特、埃及总理穆巴拉克（Mubarak）在白宫，准备签订约旦河西岸自治协议

▲ 1994 年 10 月 26 日，克林顿总统庆祝拉宾和侯赛因国王签订《巴以和平条约》

来形势的全面合作伙伴。没出一个月，1993 年 9 月 13 日，拉宾与阿拉法特签订了《临时自治安排原则宣言》。

这份原则宣言设想如何将约旦河西岸和加沙地带——而不是犹太定居区域——的管理权力移交给巴勒斯坦当局。巴勒斯坦当局将由阿拉法特担任最高领导。后者将结束在突尼斯的流亡，在加沙地带建立巴勒斯坦当局的总部。巴勒斯坦各地开始实行选举。巴以正式谈判开始，旨在"通过政治进程实现公正、持久、全面的和平解决和历史问题和解方案"。

谈判继续进行。根据 1994 年 5 月 4 日签订的一项协议，巴勒斯坦当局获得了广泛的"立法、行政和司法权力和义务"。其中包括巴勒斯坦人生活的约旦河西岸和加沙地带的内部安全、卫生、教育和社会保障。巴勒斯坦当局还将组织巴勒斯坦选举，建立巴勒斯坦议会。

伊扎克·拉宾成为和平使者

1992 年 6 月，伊扎克·拉宾在 15 年里组建了第一个工党联合政府。他在议会上说，他的目标是"缓解巴勒斯坦人和以色列国之间敌对的火焰"。1993 年 8 月《奥斯陆协议》的签订诞生了巴勒斯坦当局，以色列将加沙地带和约旦河西岸的部分控制权交给了巴勒斯坦当局。1993 年 9 月 9 日，阿拉法特派人交给拉宾一封信，承诺巴解组织将号召巴勒斯坦民众"行动起来，逐步采取措施，实现生活正常化，拒绝暴力和恐怖行为……"。同一天，拉宾正式承认了巴解组织。

以色列开始从重要的巴勒斯坦城市撤军。1994 年 5 月 13 日，杰里科的以军首先撤离。4 天后，加沙地带以军撤出。根据协议约定时间，以军接下来将撤离约旦河西岸 5 个城市中的 4 个城市：伯利恒、拉姆安拉、纳布卢斯、杰宁。希伯仑的撤军日期，还有待进一步商谈。在 1948 年的耶路撒冷旧城犹太区（Jewish Quarter）之前，希伯仑就已经有一个小规模的犹太社区了。

签订原则宣言后不到一年半，在巴勒斯坦当局警察和安全部队负责控制的巴勒斯坦，发生了大量的恐怖事件，造成 120 名以色列平民和士兵死亡。这些恐怖事件，很多出自哈马斯之手，还有的出自阿拉法特领导的法塔赫（Fatah）。

► 1994 年 12 月 10 日，在奥斯陆，亚希尔·阿拉法特（左）、以色列外交部长西蒙·佩雷斯（中间）、伊扎克·拉宾（右）一起获得诺贝尔和平奖

拉宾一再提醒以色列民众，不要让这些恐怖行为破坏巴以和平进程，不要中止向巴勒斯坦当局移交权力。从当时形势看，巴以谈判朝着1999 年"最终地位会谈"方向平稳进行，似乎已是确定无疑的事情了。

在巴以谈判期间的 1994 年 10 月 26 日，以色列与约旦签订了和平条约。这是 15 年前与埃及签订和平条约之后以色列第一次与其他阿

西蒙·佩雷斯（1923—2016）

即使以色列国内发生了恐怖活动——1993 年 1 月 15 日，一个加沙地带巴勒斯坦人在特拉维夫一个汽车站用刀将四人捅死——以色列和巴勒斯坦解放组织之间的秘密会谈仍然如期在奥斯陆举行。佩雷斯后来回忆，拉宾当时"对奥斯陆会谈忧心忡忡，有时候完全不相信会有什么结果"。不过，在佩雷斯的坚持下，双方在他 70 岁生日前夕签署了协议。因为在《奥斯陆协议》谈判中作出的贡献，他们获得了1994 年的诺贝尔和平奖。2007 年，在佩雷斯 84 岁生日的两周前，出生于波兰、曾担任三届以色列总理的他宣誓就任这个国家的第九任总统。

▲ 1994 年 10 月 19 日特拉维夫自杀式炸弹袭击受害者的葬礼。当时，22 名公交车乘客被炸死

拉伯邻国签订和平条约。在这一新签条约里，以色列向约旦让出了几块狭长的土地，其中一块土地位于加利利海南部，另一块在阿拉瓦裂谷中。

　　拉宾代表以色列签署了这一和约。代表约旦签署协议的是侯赛因国王。美国总统克林顿专门为签约一事飞往约旦港口阿卡巴。拉宾在签约仪式上说："我们不再是一个独处一隅的国家。"

▲ 1995 年夏，伊扎克·拉宾向英国首相约翰·梅杰（John Major）介绍该地区的历史冲突与和平前景。他的背后是上加利利地区和戈兰高地

1995
拉宾遇刺

以色列将约旦河西岸和加沙地带的控制权移交给巴勒斯坦当局的时间日渐临近，以色列社会内部出现了严重的分裂。

虽然约旦河西岸和加沙的所有犹太人定居点都不在移交范围内，但是以本雅明·内塔尼亚胡为首的反对党利库德集团说这是对恐怖活动的退让。

◀ 1995 年 11 月 4 日，10 万多名以色列人聚集在特拉维夫以色列国王广场，支持伊扎克·拉宾和西蒙·佩雷斯的和平政策

"我们再不必'独处一隅'……我们必须克服束缚我们将近半个世纪的孤立感。我们必须融入追求和平、和解、合作的国际潮流……我们诚挚地认为，和平是可能的，而且是十分迫切的。"

——拉宾在议会的讲话，1992 年 7 月 13 日

恐怖活动并没有真正停止。1995 年 1 月 22 日，一个身上携带炸弹的自杀性袭击者——这是个新现象——在汽车站的快餐店附近引爆了身上的炸弹，炸死了 29 名以色列士兵和一个平民。因为这一恐怖袭击，拉宾取消了耶路撒冷纳粹大屠杀纪念馆之行。他原计划前往那里参加苏军解放奥斯维辛集中营 50 周年纪念会。他是幸运的。因为在纳粹大屠杀纪念馆，有一个刺客在等待他。那是一个犹太学生，名叫伊加尔·阿米尔（Yigal Amir）。他仇视奥斯陆和平进程，打算在纪念馆行刺拉宾。

反对这一和平进程的巴勒斯坦人体炸弹袭击活动更加频繁。7 月 24 日，6 名以色列人被特拉维夫一辆公交车上引爆的炸弹炸死。拉宾坚持和平谈判继续进行。阿拉法特和佩雷斯经常会晤，商谈准备移交给巴勒斯坦当局的地区。这时候，以色列人对于《奥斯陆协议》的不满情绪空前强烈。

本雅明·内塔尼亚胡（1949— ）

内塔尼亚胡出生于特拉维夫，曾赴美国深造。1984—1988 年担任以色列驻联合国代表。1988 年选入以色列议会。1993 年成为利库德集团的领袖。1996 年 6 月至 1999 年 7 月担任以色列总理。1998 年，与阿拉法特谈判并签订了《威河协议》（Wye River Accords）。在 1999 年的选举中被埃胡德·巴拉克（Ehud Barak）击败，临时退出政界。2002 年，他再度出山，在沙龙手下担任外交部长。2003 年，担任财政部长。2005 年 8 月，他辞去这一职务，以抗议沙龙的《加沙撤离计划》（Gaza Disengagement Plan）。2005 年 12 月，内塔尼亚胡再度掌握利库德领导权，成为议会中正式的反对派领导人和利库德集团主席。在 2009 年 2 月议会选举中，虽然利库德选票居于第二，但是右翼政党赢得了大多数选票，因此内塔尼亚胡第二次当选以色列总理，成为联合政府的首脑。在 2013 年、2015 年的两次选举中，内塔尼亚胡继续连任总理，领导联合政府。

◀ 1995 年 11 月 5 日，以色列人在拉宾前一天晚上遇刺的地方点燃蜡烛，纪念拉宾

9 月 11 日，拉宾出席特拉维夫北部一个公路十字路口的启用仪式。伊加尔·阿米尔再次揣枪等候，企图刺杀拉宾。不过，后来因为人群拥挤，无法接近拉宾而作罢。

9 月 22 日，在位于阿卡巴湾的一家名叫"塔巴"（Taba）的埃及度假酒店里，阿拉法特和佩雷斯同意扩大约旦河西岸的巴勒斯坦自治区域。六天后，以色列和巴勒斯坦当局签订了一份临时协议。这份协议授权巴勒斯坦当局在整个约旦河西岸建立数个自治区。以色列军队将从这

▶拉宾遇刺之后，以色列各地出现了这张贴纸。上面印着克林顿在拉宾葬礼上讲的话："Shalom, haver"（再见，朋友）

שלום, חבר.

▶ 1995 年 12 月 5 日，在拉宾遇刺一个月后，以色列邮政局发行了一张纪念邮票

些自治区域撤军。这些区域的治安管理权将移交给巴勒斯坦当局的警察。

10 月 5 — 6 日，以色列议会讨论了这一被称为《奥斯陆协议（二）》（Oslo II）的协议。在辩论过程中，阿里埃勒·沙龙批评拉宾和他的政府"与恐怖组织沆瀣一气"。这份新协议仅以 61∶59 票的微弱多数获得通过，说明当时的分歧多么严重。

10 月 6 日在耶路撒冷举行的抗议《奥斯陆协议（二）》的集会上，有人在散发印有身穿纳粹党卫军制服的拉宾照片的传单。集会结束之后，抗议人群涌向议会大楼。有人看到拉宾平时乘坐的小轿车徐徐离开，就冲上去打砸。幸亏拉宾当时不在车内。媒体发出警告，以色列可能发生内战。

在 10 月 28 日耶路撒冷的另一场集会上，内塔尼亚胡严厉抨击《奥

▲拉宾的葬礼，赫茨尔山公墓，1995 年 11 月 6 日。送葬者包括（前排从左往右）：菲利普·冈萨雷斯（西）、希拉克、约翰·梅杰和查尔斯王子（英）、赫尔穆特·科尔和罗曼·赫尔佐克（德）、布特罗斯·布特罗斯－加利（联合国秘书长）、穆巴拉克、希拉里和克林顿、维姆·科克（Wim Kok）和贝娅特丽克丝女王（荷）和西蒙·佩雷斯

190

▲拉宾外孙女诺亚·本－阿泽（Noa Ben-Artzi）在朗读悼词时失声痛哭

斯陆协议（二）》。拉宾感到有必要挽回人心。11月4日，他在特拉维夫的支持者集会上，向人们吐露了希望与巴勒斯坦人和睦相处的心声。在他离开主席台走向轿车时，等在那里的伊加尔·阿米尔开枪将他打死。一个勇敢军人对和平的追求让他死在一个犹太同胞的手中。

《耶路撒冷邮报》(*Jerusalem Post*) 的报道

1995 年 11 月 5 日，即拉宾遇刺的第二天，以色列的重要英文报纸《耶路撒冷邮报》对该事件的报道。

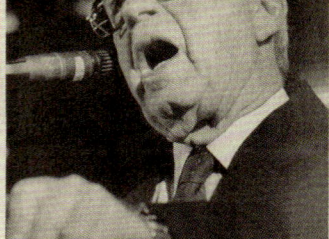

Tearful Clinton bids farewell to 'friend' Rabin

MARILYN HENRY
NEW YORK

HIS voice cracking, a tearful President Bill Clinton bid farewell last night to Prime Minister Yitzhak Rabin.

Clinton announced that he will come to Rabin's funeral, scheduled for tomorrow.

"Yitzhak Rabin was my partner. He was my friend," Clinton said, choking back tears. "I admired him and I loved him very much.

"Because words cannot express my true feelings, let me just say, Shalom haver, goodbye friend."

In a brief statement in the garden of the White House, Clinton sent his condolences to Leah Rabin and to all Israelis. "Just as America has stood by you in crisis, so now we all stand by you in this moment of grieving and loss," he said.

"The world has lost one of its greatest men," the president said, calling Rabin "a warrior for his nation's freedom and now a martyr for his nation's peace."

"His last act, his last words, were in defense of that peace he did so much to create. Peace must be and peace will be Mr. Rabin's lasting legacy."

The president quoted from the prime minister's speech at the White House last month, during the signing of the Oslo II accord. "We should not let the land flowing with milk and honey become the land flowing with blood and tears," Clinton quoted Rabin as saying.

"Now it falls to us, all of those in Israel, the Middle East and around the world," Clinton said, "to make sure it doesn't happen."

A photo of the assassin, Yigal Amir, taken from television, as police hold him following the shooting.   (AP)

Forecast: Warmer.

PERES
(Continued from Page 1)

added "I have one answer — to continue the path of peace."

"I know threats were heard before. Yitzhak knew of them. He was not deaf or blind. He heard the threats and the answers but he was not afraid," Peres pledged the government would continue Rabin's policies. "May his memory be blessed," he said. Peres had called the emergency meeting at the Defense Ministry after midnight.

Under Basic Law: The Government, the deputy premier assumes the status of acting premier and the government becomes a transition government.

The cabinet then convenes to officially confirm this.

The president then must, as soon as possible, begin negotiations with the faction heads before asking one of them to try to put together a new government.

President Ezer Weizman is expected to wait until after the funeral before holding negotiations on the setting up of a new government.

Peres said Rabin had been elated at the turnout of more than 100,000 supporters of his peace policy at a rally in Tel Aviv last night, where he was shot after telling the crowd this country must take risks for peace.

"He didn't make a final statement but the last song he sang at the rally was the 'Song of Peace.' He put this song in his pocket and the bullet went through this song. The song of peace, singing in our ears will not end," Peres said.

Celebratory firing in Lebanon after assassination

DAMASCUS (Reuter) - Syrian media reported the assassination of Prime Minister Yitzhak Rabin yesterday swiftly, but with no comment.

The official Syrian news agency, whose stories are used by state-run radio, television and newspapers, followed reports about the assassination step-by-step using dispatches from international news agencies.

It made no comment and Syrian officials were not available.

The reports mentioned that Foreign Minister Shimon Peres had become acting prime minister. Syria has held peace talks with Rabin's government since 1991 although no tangible progress has been made.

In Damascus, the new leader of Islamic Jihad – chosen to replace Fathi Shkaki, gunned down in Malta last month – welcomed the killing.

"I do not regret the death of the foremost head of terrorism in the world," said the new leader, Ramadan Abdullah. "What of it, if the world loses one of its killer criminals? It is the blessing of the blood of the leader Dr. Fathi Shkaki."

Also in Syria, a grouping of radical Palestinian groups opposed to the peace process said Rabin's slaying was "the death of a terrorist who has a record filled with brutality and criminality against the Palestinian people and the Arab nation."

In Beirut, Palestinian and Moslem Lebanese gunmen fired into the night sky in Lebanon in celebration minutes after hearing news of Rabin's death, security sources said. "There was heavy firing into the sky in celebration in several parts of the capital and other cities like Sidon and Baalbek after the news of Rabin's death," one source told Reuters.

Minutes after the news of Rabin's death, hundreds of red tracer bullets from anti-aircraft weapons could be seen over the night sky in Beirut, especially over the capital's southern suburb, a bastion of Hizbullah.

In the el-Hilweh refugee camp near the port of Sidon, 40 km. south of Beirut, anti-PLO Palestinian gunmen began firing machine guns and anti-tank rockets skywards.

Peace fest turns into funeral

ALLISON KAPLAN SOMMER

AMID the trampled litter of the signs, balloons, and stickers that had festooned Tel Aviv's Kikar Malchei Yisrael for the peace rally, stunned citizens lit candles, hugged one another, and sang and cried together, mourning the death of Prime Minister Yitzhak Rabin.

On the spot where Rabin fell, at the foot of the stairs of the Tel Aviv municipal building beside the square, a silent contingent of mourners surrounded a memorial of candles and flowers.

On the streets surrounding the area, a hollow-eyed look of disbelief characterized the people on the sidewalks and on the streets, as they tried to digest the evening's horrific events. For those who had attended the festive rally, and just hours earlier had watched a young and cheerful Rabin speak and sing, his assassination was simply too much to comprehend.

"I'm in shock, total shock," mumbled Tzippora Fein, 60. "I can't believe it – it is an utter disaster. How in the world did someone get so close to Rabin? And what in the world are we going to do now?"

Jon Gerstein, 22, was red-eyed as he headed home from the square. "I had been watching the children dancing in the fountain of the square when I heard the shots rang out. It was just utter confusion."

"Most of the people who remained in and around the square after midnight had attended the rally and were supporters of Rabin and the peace process. But there were some curiosity-seekers, and even some who had attended a nearby opposition rally."

Ariel Agasi, 23, still had his T-shirt festooned with right-wing stickers. He said the event was inevitable.

"It was clear he was going to be killed. The government couldn't continue to let the security situation deteriorate the way it had."

Overhearing Agasi, 24-year-old Zohar Nir shouted at him: "You should be ashamed of yourself. I can't believe people like you are like the man who killed Rabin are allowed to wander the streets. How could he do that? Even the Arabs didn't do such a thing."

The fact that Rabin fell at the hands of a Jewish citizen seemed to add to the public's sense of disbelief.

"The worst part of this was that the act was committed by a Jew," said Jan Rabin, 25, who had not attended the rally, but went to the square to place flowers where Rabin was shot.

"This man, Rabin, fought all his life for this state. He was a soldier from the War of Independence on. He knew his life ended by a Jew is the most hurtful."

For the proprietor of a newsstand near the municipal building, the scene was too familiar. Jeff Benjamin, 49, who immigrated here from the US 25 years ago, watched people head to the square celebrating and singing, and return stunned and mourning.

拉宾遇刺后，有人写给拉宾夫人的一封信

一个小女孩写给拉宾夫人莉雅（Lea）的一封信。邮戳日期显示，那封信投寄于 1995 年 11 月 20 日。信封上紫色的邮戳表示这封信经过了安检。

译文
信封正面文字：

> 寄：
> Lea Rabin 5 Ashi Street
> Ramat Aviv
> Tel Aviv

紫色邮戳文字：

> 已检验
> 99

信封口盖顶部的文字是地址：

> Hila Nadia 11 Hamelacha Street
> Flat 9 Kfar Saba

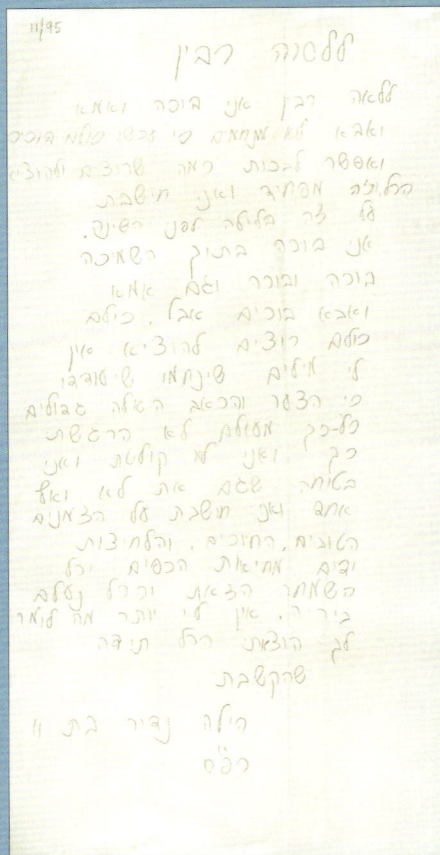

正文：

莉雅亲启：

　　我哭个不停。妈妈和爸爸也不安慰我，因为大家都在哭。人们尽情地哭，把所有情绪都发泄出来，把所有的难过都哭出来。这好可怕。我睡不着，老想这件事。

　　我在毯子里哭，没完没了地哭。我妈妈和爸爸也难过地哭。所有人，所有人都想把心里的难过哭出来。我不知道说什么才能安慰别人或让他们心情好起来，因为他们太难过、太痛苦了。我从来没有这种感觉。我弄不明白这是怎么回事。我相信你也弄不明白。没有人能弄明白。我经常想起过去那些快乐的日子，人们的笑容、握手、鼓掌，所有那些快乐的样子。可是，一声枪响，这一切都不在了。我的话说完了。我把想说的都说出来了。感谢你看（我的）信。

茜拉·纳迪尔（Hila Nadir），11 岁

一个女学生的画

    这是一张女学生的画。画中的文字是"再见，朋友伊扎克·拉宾"。日期是 1995 年 11 月 4 日，正是拉宾遇刺那一天。

译文

橄榄枝上的紫色文字：

    和平之手

图中很靠右：

    再见　伊扎克·拉宾同志　1995.11.4

和平鸽下面的文字：

    和平、宽容和兄弟情谊
    你满怀希望期待所有这些东西，
    你是一个名人，你签约和平，营造兄弟情谊。
    我爱你。整个国家都爱你。
    不过有一件事我不明白，
    为什么你在我们满怀希望时离开了我们？

1996—2011
进入21世纪的和平进程

　　拉宾遇刺没有中断巴以和平进程。继任者西蒙·佩雷斯总理继续与阿拉法特谈判。而在这时候，巴勒斯坦人的自杀式炸弹袭击更加频繁，意欲终结所有巴以谈判。1996年2月25日发生在公交车上的炸弹爆炸中，25名以色列人被炸死。3月13日的爆炸事件中有13人丧生。第二天，又有18人在公交车爆炸中死亡。

　　这些恐怖杀戮行为引起了以色列国内民众的恐惧和愤怒。佩雷斯督促阿拉法特采取措施，制止这些炸弹袭击行为。阿拉法特不愿意采取行动，因此佩雷斯中止了谈判。

　　1996年5月，以色列进行大选。经过激烈角逐，佩雷斯和工党以微弱票数在大选中失利。本雅明·内塔尼亚胡成为以色列总理。和佩雷斯一样，他也督促阿拉法特采取措施应对自杀式炸弹袭击行为，但是阿拉法

埃胡德·巴拉克（1942—　　）

　　从1959年开始，埃胡德·巴拉克在军队中服役35年，是以色列历史上获得勋章最多的军人之一。1973年，他参加了贝鲁特的一项秘密任务，化装成一个女人，去暗杀巴勒斯坦解放运动的领导人。1996年，他成为以色列工党领袖。1999年5月17日，他当选以色列总理。2000年5月，他宣布从黎巴嫩南部单方面撤军。2001年3月7日，在一场关于总理职位的专门选举中败给阿里埃勒·沙龙后，他离开了政坛。2005年，他参加工党领导人竞选，因为票数惨淡而提前退出角逐。

▲ 加沙地带的犹太人因为他们的定居点被推土机推掉而哭泣。巴勒斯坦人接收这一地区后，他们做的第一件事就是烧毁犹太教堂

特并没有照做。虽然内塔尼亚胡继续就希伯仑问题进行谈判，将这个城市 80% 的面积交给巴勒斯坦当局，但仍然控制着 20% 的区域，以保护位于市中心、毗邻亚伯拉罕、以撒、雅各等犹太人先祖墓地的一个小型犹太人居住区。

在约旦河西岸，内塔尼亚胡加快了以色列定居点的建设。他认为，以色列人在约旦河西岸的居住区域越大，以色列就越安全。1997 年 11 月，内塔尼亚胡说："阿拉法特先生必须公开坦诚地告诉他的人民，和平不可能在 1967 年界限的基础上实现。以色列不会让自己成为地中海岸边的一个脆弱的、被隔离的犹太国家。"在 1999 年 5 月全国范围的选举中，内塔尼亚胡下台，曾经是以色列国防军的杰出将军、时任工党领袖埃胡德·巴拉克（Ehud Barak）继任以色列总理。

从 1985 年至 1995 年的 10 年间，以色列在黎巴嫩南部设立狭长的安全地带，保护其北部城市免受巴勒斯坦的炮火侵扰。然而，因为四年里有 400 名以色列士兵在那个地区被打死，因此，以色列面临放弃该地

阿里埃勒·沙龙（1928—2014）

青少年时期，沙龙曾参加巴勒斯坦托管区反对英国人的地下斗争。1977 年，贝京任命他为农业部长。上任后，沙龙鼓励犹太人在约旦河西岸和加沙地带建立犹太定居点。1979 年埃及总统萨达特访问以色列期间，沙龙扮演了抚慰者的角色。以色列从西奈半岛撤军时，沙龙亲自监督以色列定居点的拆除。在担任以色列总理期间（2001—2006），他致力让巴勒斯坦成为一个与以色列和平共处的国家。他单方面从加沙地带撤走了全部以色列居民和部队。2006 年 1 月初，他因重度中风，陷入深度昏迷。埃胡德·奥尔默特（Ehud Olmert）取代沙龙，担任总理。之后，沙龙持续昏迷了五年之久。

区的压力。1997 年 2 月，73 名以色列士兵在一场直升机事故中丧生之后，这一压力变得无法抗拒。巴拉克最初采取的一个措施是，单方面从黎巴嫩撤军。反对者称，单方面撤军是软弱的标志，这样的话，巴勒斯坦人就不会在后续谈判中让步。

2000 年 7 月的戴维营谈判中，在克林顿总统的鼓动下，巴拉克提出将约旦河西岸 90% 以上的土地移交给巴勒斯坦。对方拒绝了这一方案。没多久，巴勒斯坦人的第二次大起义爆发了。这一次，死亡人数远超第一次。四年里，2 736 名巴勒斯坦人死亡，其中包括 1500 名平民；1000 名以色列人丧生。2001 年 3 月，以色列新任总理阿里埃勒·沙龙上任。沙龙拒绝在对方不停止恐怖活动的情况下与对方谈判。他派兵包围了那位巴勒斯坦领导人在拉姆安拉的官邸。

阿拉法特有一段时间身体不好，于 2004 年 11 月去世。他的继任者无力控制频繁发生的恐怖活动。在继续扩大约旦河西岸犹太定居区的同时，沙龙命人修筑了一道隔离墙，将大多数犹太区和阿拉伯区隔离开。此后，恐怖事件开始减少。

2005 年 8 月，沙龙单方面撤除了加沙地带和约旦河西岸北部的所有犹太定居点。以色列部队帮助 8500 名犹太居民撤离那里，回到以色列

▶ 2000 年 3 月 19 日，以色列国防部副部长艾弗莱姆·斯内（Ephraim Sneh）向耶路撒冷的记者讲述以色列撤离约旦河西岸四个犹太人定居点的具体安排

▶ 2002 年 4 月 12 日，一名巴勒斯坦女性引爆身上炸弹，制造了一起公交车炸弹爆炸事件。除了她本人外，还炸死了其他 6 名乘客

境内重新安置。以军还撤走了加沙地带的全部哨所，完全交由巴勒斯坦当局控制。以军还从第二次大起义期间为了肃清恐怖分子而占领的约旦河西岸城市撤军。根据之前《奥斯陆协议》的规定，这些地区的管理职责将交给巴勒斯坦当局。

巴以冲突的一个棘手问题就是耶路撒冷的未来问题。以色列领导人

埃胡德·奥尔默特（1945—　）

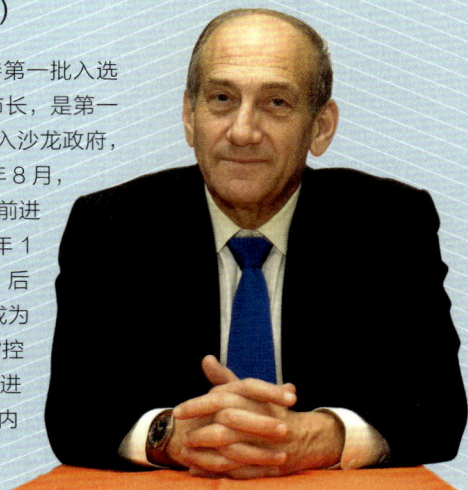

1973 年，出生在托管时代巴勒斯坦的奥尔默特第一批入选以色列议会。1993—2003 年，他担任耶路撒冷的市长，是第一个获得这一职位的库尔德成员。2003 年 1 月，他加入沙龙政府，担任副总理、工业贸易劳动部长、交通部长；2005 年 8 月，担任财政部长。沙龙宣布离开库尔德集团组建新党"前进党"（Kadima）时，奥尔默特追随他而去。2006 年 1 月 4 日，沙龙重度中风后，奥尔默特担任代理总理。后来沙龙的健康状况不见好转，4 月 14 日，奥尔默特成为以色列的正式总理。担任总理快满三年之际，他被指控个人财务方面有失当行为，在巴勒斯坦和平谈判紧张进行之时辞去总理职位。2009 年 3 月 31 日，本雅明·内塔尼亚胡接任。

都认为，未来的耶路撒冷应该是一个完整的以色列首都，而巴勒斯坦人则希望巴勒斯坦人聚居的东耶路撒冷成为未来巴勒斯坦国的首都。在耶路撒冷范围内生活着 45 万名以色列人和 25 万名巴勒斯坦人。在 1967 年之前的人口稀少的阿拉伯区域，以色列人建设了大片的犹太住宅区。自从 1967 年以来，阿拉伯住宅区发展迅速。2010 年，巴勒斯坦领导人要求以色列停止在约旦河西岸和先前主要是阿拉伯人居住的东耶路撒冷建立定居点，后来和谈告吹。一直到 2011 年 2 月，和平谈判也没有重启。

◀约旦河西岸以色列最大的犹太人定居点阿里埃勒（Ariel），人口 2 万人，距离特拉维夫仅为 40 千米

分隔界线（隔离墙），2008年

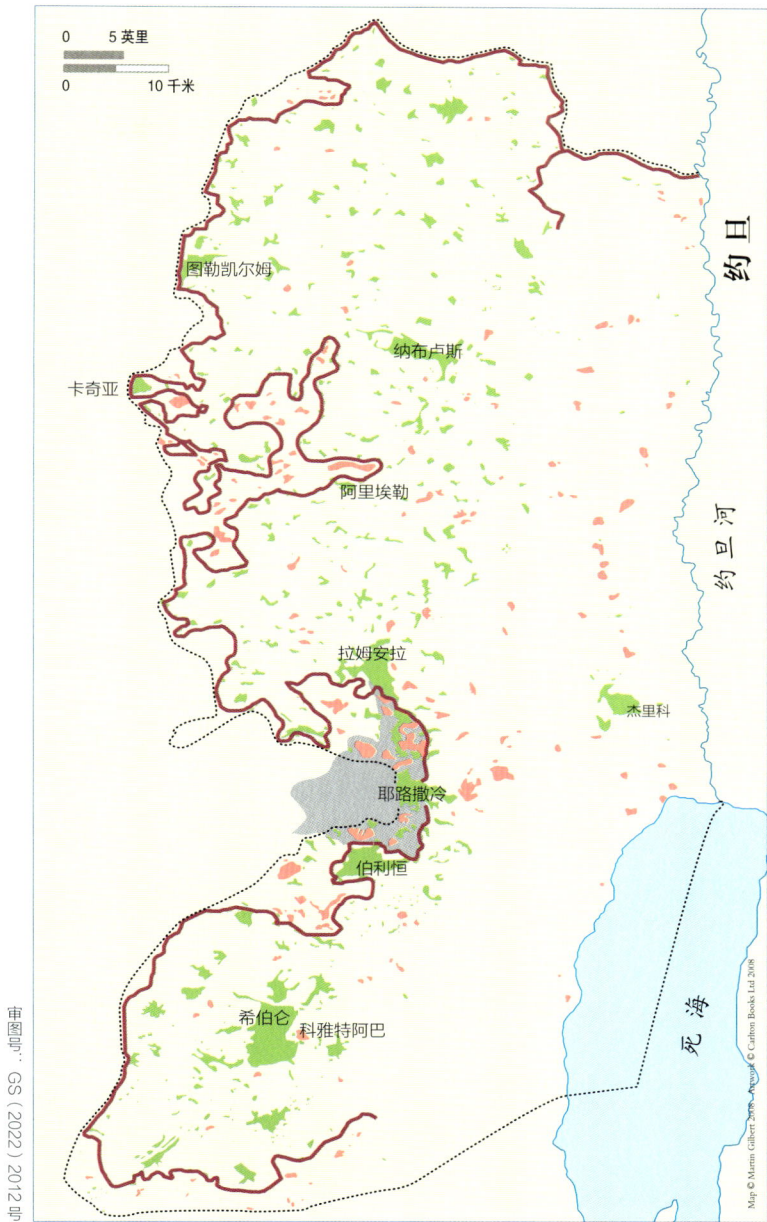

审图号: GS（2022）2012号

本书地图系原文插附地图

0　5英里
0　10千米

图勒凯尔姆

纳布卢斯

卡奇亚

阿里埃勒

拉姆安拉

杰里科

耶路撒冷

伯利恒

希伯仑　科雅特阿巴

约旦

约旦河

死海

Map © Malwin Gilbert 2008 Artwork © Carlton Books Ltd 2008

....　"绿线"（1949—1967年的以色列边界线）

▇▇　巴勒斯坦城市和村庄

▇▇　2004年犹太人定居点

▬▬　2007年的隔离墙（包括已建好和尚未建成的）

201

渴望世界和平

2005年，以色列国内政治气候发生了巨大变化。以色列单边从加沙地带撤离后（利库德是反对撤离的），阿里埃勒·沙龙退出当初他参与筹建并借此掌握政权的利库德集团。

2005 年 11 月，在患上中风前的几个星期里，沙龙组建了一个政治理念温和的政党"前进党"。他中风之后，利库德集团的重要政治家、前任耶路撒冷市长埃胡德·奥尔默特接任了该党的主席职务。2009 年本雅明·内塔尼亚胡担任以色列总理之后，工党决定加入他组建的政府，以便帮助他对付前进党。工党此举将内塔尼亚胡联合政府的支持席位增加到 74 个（总共 120 个席位）。

以色列很多党派的政治领导人，包括先前的工党领导人西蒙·佩

▼以色列议会（Knesset）是众多政治党派和经常变动的联合政府各抒己见、热烈讨论国事的地方

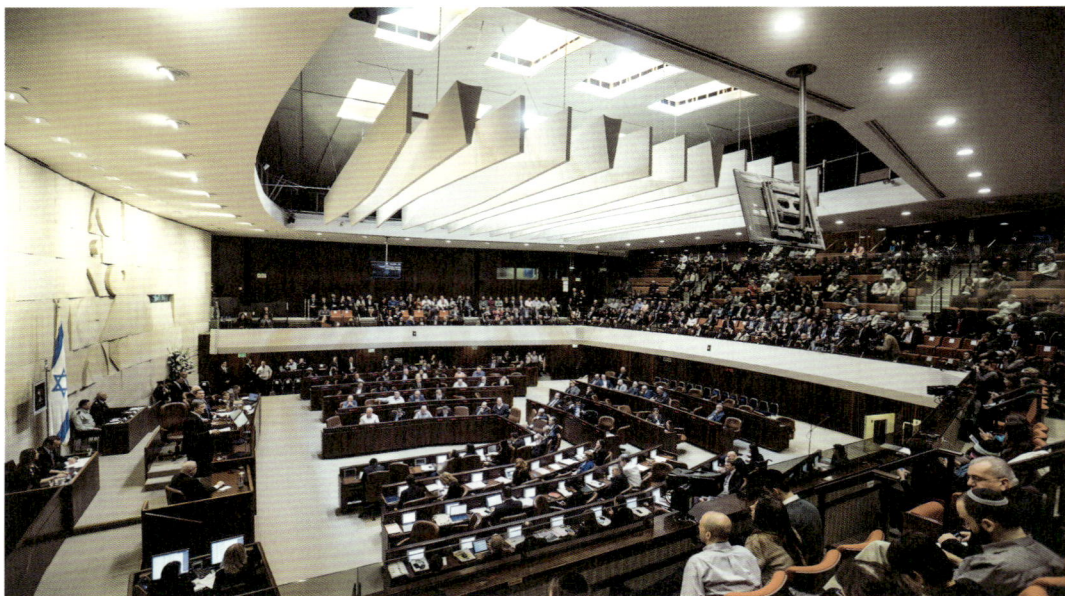

雷斯和很多利库德坚定分子加入了前进党。这个新政党面临的主要问题是从巴勒斯坦当局中物色愿意谈判、也有能力谈判的政治领导人，推进2003年夏美国和欧盟提出的"路线图"方案。

该方案希望，2005年底可以建立一个与以色列接壤的巴勒斯坦国，前提是巴勒斯坦公开放弃暴力行为，实行民主体制。为了表示希望与巴勒斯坦达成协议的诚意，2005年夏，以色列从加沙地带撤走了所有的8500名犹太居民。然而，2006年1月，一个名叫"哈马斯"的公开声称要消灭以色列的组织在巴勒斯坦大选中获胜。那年夏季，从加沙地带向以色列发射的火箭弹显著增加，还有一名以色列士兵被绑架。后来，伊朗支持的军事组织真主党（Hezbollah）开始用火箭弹袭击以色列北部，还绑架了两名以色列士兵。以色列实施报复，空袭了对方设在加沙地带的火箭弹发射阵地，打击了真主党在黎巴嫩的基地和总部。接着，以色列出动空中和地面部队，向黎巴嫩南部发动攻击，将真主党部队驱逐到火箭弹袭击以色列的射程之外。

2011年1月，担任工党领袖的埃胡德·巴拉克退出工党，组建"独立党"。虽然八名工党成员退出了内塔尼亚胡的联合政府，但是巴拉克和其他三名成员在独立党的旗号下，依然留在联合政府里。内塔尼亚胡的政党联盟依然在议会内占据多数席位。

以色列的政治辩论往往很有活力。同样有

伊兰·拉蒙（1954—2003）

2003年2月美国"哥伦比亚号"航天飞机升空后爆炸，飞机上的以色列航天员伊兰·拉蒙（Ilan Ramon）遇难。航天飞机起飞时，他身上携带着一张二战后在特莱西恩施塔特（Theresienstadt）集中营发现的一张画。这张画出自十几岁的彼得·金兹（Peter Ginz）之手，表现的是载着一个人的航天飞机离开地球飞向月球的情景。彼得没有在二战中幸存下来。

活力的是以色列社会。议会辩论
各抒己见、针锋相对。司法系统
坚定维护法治原则，例如，以色
列最高法院坚决主张改变"安全
篱"（security fence）路线，以最
大限度地减少对巴勒斯坦人的不
公平。报纸、电视和无线电台积
极倡导开放的讨论和辩论。

◄ 2005 年 7 月 25 日，
以色列 – 巴勒斯坦联合足
球队与拜仁慕尼黑足球队
对阵期间，时任副总理的
西蒙·佩雷斯和德国巴伐
利亚州长埃德蒙·斯托伯
（Edmund Stolber）、两个
小男孩和一件以色列 – 巴
勒斯坦联合足球队的队服

　　除了政治领域，以色列
的艺术、文学领域也是生机勃
勃。以色列爱乐乐团蜚声国
际。耶路撒冷书展一年举办两次，吸引着来自全世界的出版商。
耶路撒冷电影节也独具魅力。地中海沿岸平原的魏兹曼科学院
（Weizmann Institute for Science）极具科研前沿优势。卡尔迈勒山地区的
海法理工学院（Haifa Technion）也是如此。地中海岸边的温盖特体育

▼ 2005 年 11 月 29 日，
以色列 – 巴勒斯坦联合足
球队即将在巴塞罗那诺坎
普球场踢一场主题为"为
了和平"的比赛

佩雷斯和平中心（Peres Centre for Peace）

1996 年成立于特拉维夫，宗旨是推动以色列与巴勒斯坦在各个领域的合作与交流。这些合作交流包括医药、农业、和平教育、合作投资项目、组织兄弟体育学校进行体育比赛、组建一个巴勒斯坦－以色列剧团为巴勒斯坦和以色列两国青少年演出，组建一个巴勒斯坦－以色列青年足球队，进军国际赛场。

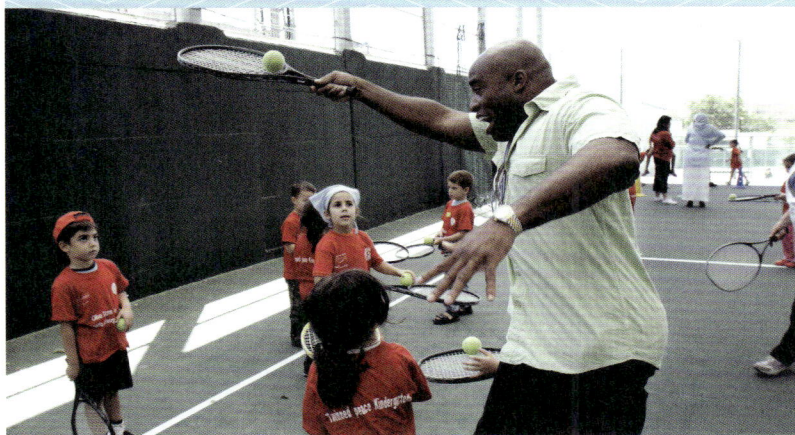

► 2005 年 6 月 29 日，美国橄榄球明星在提基·巴贝尔（Tiki Barber）在与巴勒斯坦和以色列的孩子玩网球。这是佩雷斯和平中心组织的一场活动

► 2004 年 12 月 28 日，本－古里安机场。以色列士兵将支援东南亚海啸灾民的 80 吨紧急救援食品搬上飞机

"铸铅行动"

　　随着 2008 年下半年哈马斯从加沙地带向以色列南部发射火箭弹的数量越来越多，以色列空军于 2008 年 12 月 27 日对加沙地带发动突然袭击，目的是阻止对方的火箭发射，阻止国外武器进入加沙地带。在最初六天的空袭中，以色列军队打击了对方的警察局和哈马斯政府大楼。除了哈马斯军人和警察之外，很多巴勒斯坦平民也在空袭中身亡。2009 年 1 月 3 日，以色列发动了地面攻势。1 月 5 日，以军开始对人口稠密的市区展开进攻。从 1 月 12 日开始的最后一周攻势中，以色列部队集中进攻发射火箭弹的巴勒斯坦部队。为了报复，巴勒斯坦的火箭弹和迫击炮加大了针对以色列南部的打击力度，第一次将打击范围延伸到贝尔谢巴和阿什杜德两座城市。因为担心双方伤亡的增加，以及国际舆论的批评，以色列决定不对加沙地带进行深入打击。1 月 18 日，以色列宣布单方面停火，战争结束。12 小时后，哈马斯宣布停火一周。1 月 21 日，以色列完成撤军。"铸铅行动"（以色列的行动代号）导致 1 166—1 417 名巴勒斯坦人死亡，13 名以色列人丧生。2010 年 11 月，哈马斯内政部长承认，哈马斯、其他派别和安保人员总共大约有 700 人在战火中丧生。这一数字与以色列估计的这次行动至少有 709 名"恐怖分子"被打死相吻合。巴勒斯坦死难者中，至少有 466 人是平民，其中包括女人和孩子。

运动学院（Wingate Institute）为以色列培养了一代又一代的优秀运动员。以色列的风帆冲浪运动员（Gal Fridman，在希伯来语中，"Gal"的意思是"波浪"）在2004年奥运会上为以色列赢得了第一块奥运金牌。

在加利利和戈兰高地，以色列葡萄园生产的葡萄酒可以比肩全球最好的葡萄酒。多年来，水果和蔬菜一直是以色列重要的出口商品。特拉维夫已经成为一个充满活力的国际大都市、一个生机盎然的商业和娱乐中心、一个超过100万常住人口的大城市。

在以色列，犹太人的生活依据宗教历法、安息日、节日、独立日、大屠杀纪念日、以色列战争烈士纪念日进行。这里的宗教信仰不是强制性的：以色列不是一个宗教激进主义国家，而是一个高度世俗化和多元化国家。

每个十年里，都有海外犹太人不断移居以色列。苏联解体之后，苏联的100多万名犹太人移民以色列。每年，都有1 000多名犹太人从美国前往以色列，成为后者的公民。每年，还有数百名英国和加拿大犹太人追随复国主义者的步伐，移居以色列。每当国内反犹浪潮高涨之际，如阿根廷、法国等国家移居以色列的人数就会大增。

2010年，以色列575万犹太人中，225万人是1984年后陆续来到以色列的。每一批移民都对以色列生机勃勃的多元民族生活，在文化、宗教和社会方面的融合作出了贡献。

自从 1948 年建国以来，虽然战争和冲突一直困扰着以色列，尤其是在建国初的几年里，但是，人们的日常生活仍然丰富多彩，充满生气。这里社会开放，媒体自由，议会直抒己见，体育和休闲活动层出不穷，充满了一个新兴国家昂扬向上的激情。虽然以色列仅成立 70 余年，但它具有悠久丰富的民族传统，汇聚了来自全球一百多个国家的民众。

译文

西奥多·赫茨尔的日记（参见本书第12—13页）

第五卷

从1897年6月11日开始

……不过，它会名垂青史——我给父母亲、妻子和保利娜（Pauline）、汉斯（Hans）、特鲁德（Trude）这些孩子每人寄了一张复国大会的明信片。

也许这是我在整个运动中做的第一件带有孩子气的事情。

9月3日，维也纳

过去的这几天，也是自从在巴黎产生这个想法以来最重要的几天，一直在忙忙碌碌中度过。在巴塞尔和回国途中，我一直疲惫不堪，没精力继续写日记。现在，记日记的心情比任何时候都迫切，因为其他人也已经意识到，我们这场运动将被记入历史。

假如要用一句话总结巴塞尔会议——这话我尽量不在公开场合讲——这句话应该是：在巴塞尔，我终于建立了犹太国家。如果我把这句话说出来，所有人都会嘲笑我。也许5年后，但肯定在50年后，大家就会相信这句话。国家在实质上植根于民众对国家的渴望，甚至植根于一个足够强大的个体（L'état c'est moi——路易十四）。领土只是一个国家外在的物质支持。国家总有一些抽象的地方，甚至当一个国家拥有领土时，也是如此。梵蒂冈也没有领土，否则教皇就不会拥有至高无上的权力。

于是，在巴塞尔，我缔造了这个抽象的实体，一个大多数人看不出来的实体。

实际上，用极小的经济投入，我逐渐让人们产生了建立一个国家的热切想法，并让他们觉得他们自己就是国民大会。

我最初一个很实际的想法——那是几个月前的事情了——就是出席会议开幕式时，大家都要系白色领带，穿燕尾服。后来发现这样效果非常好。让人们穿上最好的衣服会让他们中的大多数人趾高气扬。这种趾高气扬立刻营造出一种拘谨的氛围——如果人们身穿色彩艳丽的夏季衣服或休闲服就不会有这种效果——我成功地将这种拘谨营造成为严肃。

第一天，诺德穿了一件大长袍，根本没打算回家换上燕尾服。我把他拉到一边，恳求他回去换衣服，就算是帮我的忙。我和他说："今天，复国大会的主席团还是一片空白，但是我们首先要把形象都建立起来，让人们觉得复国大会是一个无比崇高和庄严的事情。"他答应了我的建议。我激动得上前拥抱他。一刻钟之后，他穿着燕尾服回来了。

实际上，在那三天里，我心里一直放不下的事情是，怎样让诺德忘记他是复国大会里的"二号人物"。这是一件明显影响他自信的事情。我利用一切机会强调，我只是在联络和技术方面是主席，其他各方面他说了算。这让他的情绪好了不少。另外，幸运的是，他的讲话比我那纯粹的政治动员更加成功。后来，我逢人就说，他那番讲话是复国大会上最成功的发言。

同样，我还要抚慰其他人因为忙乱中敏感之处被无意触及而引起的不快。斯坦纳（Steiner）没有被选入委员会，总是耷拉着脸。我急忙任命他为晚会接待处主席兼晚会组委会的负责人。他的工作就是坐在主席台的椅子上，让发言人坐在座位上发言，不必走上主席台。明茨（Mintz）和其他很多人也不高兴，因为他们坐在主席团的桌子旁边一动不动，没有忙着做记录或帮助我主持会议，被我严厉批评了一番。所有事情都是我一个人忙，这简直让我无法相信，但是第三天下午因为过于疲惫而将主持会议的任务交给诺德，离开会场后的情况，说明事实确实如此。人们都不知道该做什么。有人告诉我，会议现场后来混乱不堪。

即使在我主持会议之前，事情也并不那么顺利。在我之前，来自雅西（Jassy）的人品不错的利佩医生（Dr. Lippe）是复国大会的资深成员，担任会议主持人。事先他和大家说好，他最多只讲10分钟。在一片嘈杂声中，他事先也没有告诉我他要讲什么。结果，他站起来之后，不停地讲了半个钟头，不停地出错。我坐在台上高度低于他的位置，旁边是诺德。我四次向雅西示意，恳求他不要讲下去了，最后我开始用手势威胁他。那情景很是滑稽。

最后，终于轮到我发言。全场响起雷鸣般的掌声。不过，我依然平静自若。我有意识地不让自己鞠躬，因为我不想让这一场合从一开始就变成了一种三流的表演或职业演讲。

主席团人选在众人的欢呼声中通过。我们走上主席团，会场一片欢腾。

我吁请诺德发言。他讲得非常好。他的讲话仍旧是我们时代的纪念碑。在他转身要回到主席团自己的位置上时，我走上前去拥抱他，说："Monumentum aera perennium！"（比青铜更持久的纪念碑。）

接下来，人们继续按照预定计划轮流发言。现在，我之前为什么要在法国波旁宫（Palais Bourbon）待了四年之久，其中的原因就很明显了。在潜意识里，我是一个对程序细节要求完美的人。我效仿弗洛奎特（Floquet），对人客客气气，满腔热情，搜肠刮肚在紧急时刻说一些主持人应该说的话。

第一天，我犯了好几次错误，不过，到了第二天，大家觉得我基本上已经掌控了会场。第二天也出现了一些紧急时刻。比如，一个叫"曼德尔肯"（Mandelkern）的先生站起来，建议复国大会正式向艾德蒙德·罗斯柴尔德（Edmond de Rothschild）男爵表示感谢。我当即否决了这个提议。因为我不想用那种方式表明我们对双方居民对对方领土的渗透方面的立场。我严词回绝了曼德尔肯。我说，他的建议将让大会处于要么对慈善事业不感恩，要么放弃原则的尴尬境地。大家一致赞同我的观点。

当人们知道了伯恩鲍姆（Birnbaum）的丑闻之后，会议面临着又一个危机时刻。这位伯恩鲍姆在我参加这次会议的三年前，有一段时间脱离犹太复国事业投入社会主义运动，现在突然冒出来，说是我的"前任"。在他写给我和其他人的厚颜无耻的信中，他以复国运动的发现者和开创者自居，因为他和平斯克尔（Pinsker，此君我也不认识）之后很多人一样，都写过有关时事政治的小册子。

现在，他通过某个年轻人提出建议，说是行动委员会（Actions Committee）的秘书长应该直接由复国大会选出并由大会支付薪水。这个人，在第一届犹太国民大会上除了要大家投票付给他薪水之外，没有提出其他任何建议。现在，他居然要和我相提并论。还有，在他那封乞求信里，他厚颜无耻，胡搅蛮缠。（他说）秘书长，作为深受复国大会信任的代表，应该对抗行动委员会的12名委员。

我宣布，我无法想象，会有人在这种情形下接受委员会中的职位。

他的这一提议遭受了可耻的失败。这是这次大会上唯一的不和谐音符。这件事是由一个由于热心助人而多次受到我称赞的年轻人提出来的。他的名字叫沙利特（Schalit）。

这件事发生期间——之前我曾将主持会议的任务交给诺德——美国犹太人索南夏因夫人（Mrs Sonnen-schein）对我说："他们迟早要把你钉在十字架上，到时候，我就是那抹大拉的玛利亚！"

此外，其他事情都还算是顺利。大会就定居点问题进行辩论时，我不在场，巴布斯（Bambus）居然走上主席台，想方设法坐在了委员会的席位上。我放过了这个无赖，因为这时候的委员会正面临着一个伟大的转折，我不希望这些不愉快的事情破坏（这一转折给人们带来的）好心情。我放过了他，让这种人在其他地方遭受报应吧。

说到原则问题，最重要的事情——可能先前完全没有意识到——是我要求实施代表制度（即国民大会制度）时间，也就是说召开全国大会（National Assembly）的时间。下一届复国大会将仅限于代表们参加。

后来，我向诺德告别时，我说："明年，我们要做一些更大的调整。你来担任大会主席。我当行政委员会（Executive Committee）主席。"

他不置可否……

小插曲不计其数。

人人都问我事情，不管是重要的，还是不重要的。经常是四五个人同时和我说话。这让我压力很大，因为我不得不对他们提出的问题给出一个个确定的解决办法。我就像是同时和 32 个人下棋。

复国大会开得非常成功。诺德主持会议的时候，我从后面进入大厅。讲台上长长的绿色讲桌、加高的主席座椅、铺着绿色地毯的主席台、坐在记者席上的速记员等让我心头涌上一种强烈的情感，我急忙走了出去，好让自己不要当场失态。后来，我向大家解释为什么其他人都兴奋得异常，而我却那么平静。

事先，我不知道，在这四壁都是朴素灰色的庄严的音乐厅里，这次大会到底有多成功。之前，我没有想过这个问题，否则，我早就会受影响。

开会那几天里给我留下最美好回忆的是，我好几次与年长的银行家古斯塔夫·G. 科恩（Gustav G. Cohen）在三星旅店（Hotel Trois Rois）阳台上长达一刻钟的交谈。他在餐桌上喝了几杯法国博若莱（Beaujolais）地区的红酒之后，我给他起了一个绰号——"博若莱弗洛里"（Beaujolais Fleurie）。

戴维·本－古里安的演讲稿（图见 94—96 页）

译文：

犹太民族形成于以色列地。这片土地塑造了犹太人的精神、宗教和政治身份。在这里，他们第一次建立了自己的国家，塑造了国家和世界意义上的文化价值观，为世界奉献了一部永恒的《圣经》。

多年前被强迫离开故土后，流散期间的犹太人一直心系故土，从未停止祈祷，从未放弃回归故土、重获政治自由的希望。

在这一历史和传统渊源的推动下，一代又一代的犹太人为了重新生活在古老的故国家园奋斗不息。在过去的几十年里，成批的犹太人回到家乡。他们冲破法律的禁锢、他人的阻挠，让沙漠焕发勃勃生机。他们复兴希伯来语，兴建村庄城镇，营造了一个能够主宰自己经济和文化的欣欣向荣的犹太群体。他们热爱和平，同时也知晓怎样捍卫和平。他们祝愿这个国家的所有人发展进步。他们渴望建立一个独立的国家。

犹太历 5657 年（1897 年），我们响应犹太国精神之父西奥多·赫茨尔的号召，召开了第一届犹太复国大会，宣布犹太人有权在自己的国家实现民族复兴。

1917 年 11 月 2 日发表的《贝尔福宣言》承认了这一权利。接着，国际联盟的托管协议重申了这一权利，表示国际社会认可犹太人和以色列地之间的历史关联，认可了犹太人重建故国家园的权利。

不久前降临在犹太人身上的空前浩劫（发生在欧洲的针对数百万犹太人的大屠杀）再一次有力地证明在以色列地重建犹太国家、解决犹太人无家可归问题的迫切性。只有这样，才能向每个犹太人敞开故国大门，让犹太人在相互礼让的国际关系中获得充分的平等。

欧洲纳粹大屠杀的幸存者，以及来自世界其他地区的犹太人，持续迁入以色列地。他们不惧各种艰难、限制和危险，始终主张在故国家园过上有尊严、有自由生活和诚实劳动的权利。

在第二次世界大战中，这个国家的广大犹太民众为争取自由，为爱好和平的各国反击穷凶极恶的纳粹军队作出了积极的贡献。犹太士兵的鲜血和这个国家的巨大投入，让犹太民族得以跻身于联合国创立者之列。

1947 年 11 月 29 日，联合国大会通过一项决议，呼吁犹太人在以色列地建立一个犹太国家。联合国大会要求以色列地居民采取一切必要措施落实这一决议。联合国对于犹太人建立犹太国家这一权利的认可是不可撤销的。

对于犹太人如此，对于其他国家亦如此，在自己的主权国家里掌控自己的命运，是上天赋予的权利。

鉴于此，我们，作为人民委员会成员，作为以色列地的犹太人，作为犹太复国运动成员，在英国结束以色列地托管之日集会。依托上天赋予的权利、联合国大会的效力，我们在此宣布在以色列地建立一个犹太国家，即以色列国。

我们宣布，从今晚英国托管结束的时刻，即，犹太历 5708 年依雅尔月 6 日，安息日前夕，公元 1948 年 5 月 15 日，到 1948 年 10 月 1 日之前根据选举产生的制宪会议通过的宪法组建民选政府机构之前，人民委员会将行使临时议会职责，其执行机构人民管理委员会（People's Administration）将行使犹太国临时政府职责。国家名称为"以色列"。

以色列国将放开对犹太移民和流亡国外者进入以色列的限制；以色列国将为所有居民的福祉推动国家的发展；以色列国将立足于以色列国的

倡导者提出的自由、正义、和平准则；以色列国将实现所有居民社会权利、政治权利的完全平等，不论宗教、种族和性别；以色列国将捍卫所有宗教的圣地；以色列国将切实遵守联合国宪章的各项原则。

以色列国将积极与联合国各机构和代表合作，努力执行 1947 年 11 月 29 日的联合国决议，采取步骤实现整个以色列地的经济联合。我们恳请联合国协助犹太人建设犹太国家，接收以色列国进入相互尊重的国际秩序。

现在，在连续几个月遭受攻击之际，我们呼吁以色列国的阿拉伯人保持克制，在公民权完全平等、所有临时和永久机构拥有适当比例代表的基础上参与建设这个国家。

我们向所有邻国及其人民伸出友谊之手，承诺和平共处，睦邻友好。我们呼吁与生活在这片土地上的犹太主权国家建立相互合作、相互帮助的深厚友谊。以色列国将积极与各国一起，推进整个中东的进步。

我们呼吁散居世界各地的犹太人汇聚到以色列地犹太人周围，共同完成移居入境和建设国家的任务，帮助他们努力实现那个长期的梦想——以色列的救赎。

在临时议会的此次大会上，在故乡的土壤上，在特拉维夫，在犹太历 5708 年依雅尔月 5 日，公元 1948 年 5 月 14 日，安息日前夕，我们怀着对"以色列磐石"（神）的信心，签署上述宣言。

《回归法》（图见 124 页）

译文：

犹太移民的权利

1. 任何一个犹太人都有权来这个国家。

2.［a］必须持移民签证入境。

［b］任何一个表示渴望移居以色列的犹太人都可以获得以色列签证，除非移民局局长认为该申请人从事针对以色列人的活动或可能威胁公共安全或国家安全。

3.［a］抵达以色列后，并表达了愿意定居以色列的犹太人，只要仍在以色列，就可以获得以色列授予的移民许可。

［b］2［b］规定的限制条件也适用于移民许可的授予，但是抵达以色列之后罹患的疾病不

能视为危害公共安全而拒绝授予许可。

4. 任何在这一法律生效之前移居以色列的犹太人，以及出生于以色列的犹太人，不论是否在该法律生效之前出生，都视为符合以本法律规定的移民身份抵达以色列。

5. 移民局局长负责执行本法律，并有权根据本法执行情况，以及移民签证的授予情况、移民签证的授予、向不到 18 周岁的未成年人授予移民许可等事项制定补充条例。

5710 年 10 月（1950 年 7 月 5 日），以色列议会通过本法。

［签字人］约瑟夫·斯宾扎克　代总统
戴维·本 – 古里安　总理
摩西·沙皮拉　　　移民局局长

《战斗的召唤》（图见 138—139 页）

第 138 页上图
漫画说明文字

历史：不要这么快！我的记录跟不上你的速度……

阿里什、杰宁、加沙、旧城、蒂朗、西奈、希伯仑

就这些了！

文章

依托犹大山
（Judaean Hills）上的坦克

我们一个冲锋，就扫平了沙法特（Shoafat）这个城镇。现在，我们在这个城镇以北大约 4 千米的地方设立了基地。

该怎么说呢？令人兴奋的 24 小时？

一整夜的炮击过后，所有耶路撒冷市民都从掩体里出来，衷心欢迎我们。这个城市里的漂亮姑娘、老人、年轻人和幼童，甚至还有"Neturei Karta"（字面意义为"城市的守护者"，一些正统的犹太教徒成立的教派，该教派反对犹太复国思想），都站在那里，挥手和我们打招呼，给我们扔来不少糖果和鲜花。"以色列人的救星！"一个"Neturei Karta"成员向我们喊道。他一直向我们挥手，直到我们走到曼德尔鲍姆大门。

5 时 15 分，我们走进那个门。周围很安静

那是一种暴风雨之后的宁静。街道上看不到人。我们在博物馆附近稍作停顿。静静地停在那里的豪华轿车让人产生一种卡夫卡式的荒诞诡异和现实的压迫感。我们都很紧张，因为周围仍然到处是狙击手。

那种感觉有点奇怪。天色开始暗下来。旧城方向的一阵阵机枪声十分清晰。几分钟之后，我们急忙赶回到沙法特，因为我们计划在那里过夜。

这里的别墅用精心加工的耶路撒冷岩石砌成。这些建筑采用了最先进的现代建筑理念。

我们在紧张中度过了漫长的一夜。半履带车内部空间狭小逼仄。子弹上膛，严阵以待。东方破晓，人们紧张的情绪才略显缓解。镇子里的居民，之前一直躲在藏身处，这时开始有所习惯，走到街上。他们刚开始有点踌躇，后来露出讨好的笑容，向我们挥手。他们清理了成堆的碎玻璃，之后就跟我们搭讪。一个个子不高、皮肤黝黑的孩子（他的眼睛居然是蓝色的）走到半履带车跟前，怯生生地看了看，然后友好地伸出手来。

现在，我们身在卡兰迪亚（Kalandia），即耶路撒冷机场所在地。这里的居民都跑掉了。下午，我们的士兵坐在轻便的蓝色扶手椅上来了一次户外聚餐。一块很大的黑色牌子上写着"耶路撒冷机场"。旁边一块小牌子上是"耶路撒冷欢迎你"。

我们确实来了。同时，从新闻里，听说我军还打下了其他地方。我们激动起来。收音机上说，敌人还在炮击我们的国家。既然这样——我们明天就前往杰里科。我们要关闭所有叙利亚的过境点。

梅厄

不要被胜利冲昏头脑

这是一场巨大的胜利，辉煌的胜利，令人陶醉的胜利——但是，我们不能被胜利冲昏头脑。

也许这话说得早了几天，不过说早了总比说晚了好。

以色列国防军最为优秀的战士为了胜利之后的今天、数天、数年、数十年，为了这场艰苦战争之后的美好和平献出了他们宝贵的生命。就像严阵以待是战争的第一阶段，和平重建是胜利的第一阶段。除了我们的军事力量和成就，我们现在还需要用以经受这场考验的巨大的、举国一致的勇气和决心、清醒的头脑，以及在战争年代里勇往直前表现出来的那种无私忘我精神和堪称楷

模的决心。

我们的民众明白这一点，国家领导人明白这一点。

以色列国防军的每个战士发自内心地明白这一点。

现在，大片土地已经控制在我们的手里。这些土地上生活的大多数人是他们统治者阴谋诡计的牺牲品。不过，也许仍有少部分人仍旧对我们心怀怨恨。以色列的各级政府已经满腔热情，彻底地将工作重心变成确保以色列各地区的安宁、有序和正常生活上来。

不过，身在连队或者担任警戒工作的士兵还有一个重要任务：确保以以色列名义、在以色列旗帜下做出的任何行为、行动都符合秩序、公平和犹太人的道德纯净原则。

因此，以色列士兵一定要严格遵守上级交给的一切命令，尊重那些神圣的场所，尊重和帮助处境困难的每个公民，严禁抢劫。

军队已经下达命令，如有违纪者，不管是谁，严惩不贷。对于胆敢玷污以色列复国斗争纯洁性、正义性的人，不管是谁，绝不姑息。

编辑部

第 139 页图
战斗的召唤（报纸标题）
内部报纸—
只针对以色列国防军指战员

前线版—中部军区司令部，星期五，5727 年尼散月

1967.9.6

诗（下图左页）
来自诗歌的时代
时钟似乎安上了
喷气式引擎
因为它轻松地
超过了声音的速度
就在昨天，边界
在我窗前燃起战火
已然没人相信
那只是昨天的事情

时间，就像是年轻小伙子

违背了习俗

竟然说父亲

（时针）说谎

从时间的角度上，这

是时间最短的战争

虽然每场战争

都太过持久

炮弹有任务要执行

炮弹没有心

但是，这一次，因为那些炮弹，我们的心
"炸了"

因为胜利的喜悦

如同一颗曳光弹

我们的心儿飞上天空

那无限高远的天空

所有用来定义的词句

都失去了意义

如同在一场迷梦里

连长的命令，回响在从杰宁

到希伯仑、蒂朗海峡的上空

一个声音在回应："好极了！！！"

战争结束了，……我们

希望，上帝啊，不要再来一场战争

虽然伟大的胜利让人心花怒放

已经没有人相信

那只是昨天的事情

文章（下图右页）
当天指挥官的命令

杰里科的城门已经被炸塌，城墙已经倒塌，城市已经控制在我们手中。所有约旦河渡口都有以色列士兵驻守。

麦比拉洞（Cave of Machpelah）和拉结之墓（Tomb of Rachel）也在亚伯拉罕、以撒和雅各后代的手里。

艾锡安（Etzion Bloc，指的是 Kfar Etzion、Massuot Yitzchak、Ein Tsurim、Revadim 等一系列以色列定居点）已经解放了。这是第 35 排、内比·丹尼尔（Nebi Daniel）车队战士、整个艾锡安

地区抵抗者的勇气和巨大牺牲的见证。

整个约旦河西岸都在我们的手中。

请记住：虽然我们的使命已经完成，但是一些人没有能够看到这一天。我们会永远将这份记忆珍藏心底。

随着停火宣言的发表，以色列国防军，包括中部军区的士兵，坚忍不拔——比之前任何时候都更加强大，他们终获胜利。他们用力量和决心捍卫了民众要求和平的决心，一如它捍卫抵抗进攻和发动战争的力量。

尤泽·纳尔基斯少将

中部军区指挥官

照片说明文字：
我军指挥官在西墙

第 139 页下图右侧：

我们看到，中线事态很稳定，形势已在我军掌控之下，我们打算去采访南线，看看那边的情况怎么样，那边的战线在国外。

可以说，那边的事态控制得也很好——一切都控制在国防军官兵中。最初经过尼特萨纳（Nitsana）前往阿布阿盖拉（Abu Agheila）时，我们几乎看不到敌人战败的痕迹。

我们印象深刻的第一件事是从数百千米之外的基地将部队运到前线所动用的庞大的人力和资源。行驶在沙漠公路上的前不见头后不见尾的军车，满载弹药、燃料、装备、零部件、工程齿轮。无数的军车和私家车辆，见证了以色列的倾国之力。

如果头顶上有飞机飞过，那肯定是我们的飞机

有史以来第一次，我国空军全面的、不容置疑的优势开始显而易见。如果不具备摧毁性的优势，眼前长长的运输车队就不可能安全地行驶在路上。头顶上经常传来飞机的轰鸣声，几乎没有人抬头去看。很明显，如果头顶上有飞机飞过，那肯定是我们的飞机。

在高度戒备、拱卫阿布阿盖拉的乌姆－卡迪夫（Um-Katif），战斗的痕迹开始展现在我们面前。敌人的坦克，几乎都瘫痪在事先挖好的射击位置。枪炮完好无损地被丢弃在那里，被我空军和装甲部队击中的车辆烧毁在路旁。这里，从那些修建了防御工事的前沿阵地，敌人失败的规模之大清楚地呈现在我们眼前。混凝土碉堡、阵地

上挖出的内部有砖墙支撑的通讯壕、一个沿着阿布阿盖拉三岔路周围一系列小山精心修建了防卫圈的加固阵地。防御工事全部围绕阿布阿盖拉三岔路修建。我军突破这些工事之后，它们就对埃及军队毫无用处了。

锃亮的新装备

没有人顾得上去拾捡那些被到处丢弃的完好无损的装备。时不时地，一辆埃及卡车从身边驶过。这些卡车往往是苏联制造，被我军缴获之后，涂刷上了国防军的番号。有时候，我们也能遇到损毁的以色列装甲车。不过，和随处丢弃的数百辆敌军车辆相比，数量少得多。

从阿布阿盖拉通往艾因阿里什（El Arish）的公路上，我们看到了一处又一处防御工事、遭受以色列空军精准打击后被烧毁的埃及车辆，还有主人匆忙逃向沙漠时丢弃的同样多的私家车。

一队队战俘迈着缓慢的步子从我们面前走过。他们几乎失去了自尊。难以置信的是，就在上个星期，他们还以为很快就可以洗劫特拉维夫。

弹不虚发

艾因阿里什机场完好无损地落入以色列国防军手中。被直接命中的米格战斗机留下的残骸让我们对我军飞行员精确打击技术赞叹不已。一幢建筑周围有四架米格战斗机，都被炮弹击中后烧成残骸。然而，那幢建筑（之前是飞行员俱乐部）只有窗户玻璃和室内为飞行员表演节目的鼓受损——鼓面出现裂缝，其他建筑和物品都完好无损——空中打击的精准程度堪比瑞士手表制作工匠的水平。

艾因阿里什的狙击手

艾因阿里什一片寂静，然而充满敌意。埃及士兵脱去了军装，隐藏在居民家里。我部挺进苏伊士运河，完成了主要任务，即消灭威胁我们的敌军装甲部队，之后，将肃清城里残敌的任务交给了后续部队。狙击手的枪声和地雷的爆炸声不时在耳边响起。这座城市不甘于战败的命运。那些匆忙从防御工事中撤出的埃及士兵作战经验丰富，虽然他们身临逆境。时常听我们的战士讲起痛苦的作战经历，敌人如何负隅顽抗最终突围。我军的主要突破路线上，即从艾因阿里什到雅法，到处是毁坏的车辆、坦克、半履带装甲车、油罐车、枪炮。这之前，这个地方完全是一个精心开

挖的巨大阵地，是疯狂的埃及领导人大规模军事攻击计划的跳板。

见缝插针出奇兵

在拉法赫附近，我们看到了我军穿越敌人雷区的一条小路。他们巧妙地从敌军的重型装甲部队的调动中找到了这个缝隙，闪电般地发起突袭，一举取得胜利。不得不提的是，"闪电战"这个词是一周前夸夸其谈的埃及军事指挥官提出的，他们以为可以打败我们。然而，我军指挥官悄悄地调兵遣将，先发制人，创造了一个军事奇迹！

加沙城是一片刚刚易手的景象。一方面，每家的百叶窗已经打开，炊烟袅袅升起。满世界到处是尘土。空中弥漫着大火燃烧的灰烬味道，寂静里隐藏着不满和危险。另一方面，到处是部队调动、改编、集结的嘈杂声音。战斗始终一触即发。阴暗中到处是狙击手。饵雷隐藏在各个角落。

前一天的电影剧照仍旧悬挂的影院里。海报有的劝说人们周游世界，有的要人们买某个品牌的牙膏。似曾相识的和平社会？不是。加沙的每一面墙都诠释着攻击和暴力。纳赛尔和舒凯里（Shukeiry）的画像随处可见。煽动性的海报怂恿民众消灭以色列，号召人们参加解放军。在这里，你可以明显地看到，对我们抢起的拳头如何在它举起胳膊的那一刻被砍断。

从此刻开始，这里就有了秩序

警察局附近，人们川流不息，就像是蜂巢的入口。通信工具的嗡嗡声更加强化了这一感觉。不时有人进进出出。很多手写的便条贴在门上。旧的来不及扯去又有新的覆盖上去。上面写着亲友的去向。他们不得不在稠密的加沙地带安排自己的生活。墙上挂着阿拉伯日历。6月5日那一天还没有扯下来。宣传海报随处可见，其中有纳赛尔和舒凯里的画像，还有一个阿拉伯士兵向前冲锋的图片。他脚下踩着倒下的铁丝网，冲向"巴勒斯坦"。埃及驻加沙地带的那位军事长官和他的副手坐在外面的草地上。他们不慌不忙，气定神闲，他们有的是时间。现在，自有别人在战场上冲锋。

没错，有人在冲锋是件好事情。让人欣慰的是，国防军士兵在各条战线上完成了上级交给的任务。他们做得很出色。

216

第 139 页下图左侧

诗歌（左）

圣殿山上

赐给我们力量，让我们承受所有

以拯救之冠降临我们头顶的重大时刻

赐给我们力量，让我们知晓所有

以拯救之琴弹响我们心弦的重大时刻

啊，今天，多少杰里科的墙在我们面前倒下！

我们在摩利亚山上献祭了哪个以撒？

谁将在黎明时分登上圣殿山？

手擎熊熊火炬的四位天使将点燃圣殿山的大烛台

主教，身后携带圣殿钥匙的一群群侍僧

手持提琴和唢呐的僧侣和利未人

以色列的圣女和她们手中圣所的窗帘

耶利米哭泣着走上前，拥抱和亲吻狮子的爪子

于耶路撒冷的门口

亚伯拉罕、以撒和雅各从麦比拉洞走出来，欢呼着

约书亚从耶利哥的荒野中走来，手持梭镖，哭泣着

如一只老狮子般地咆哮

拉结为儿子而哭泣欢笑

二十二个字母诞生了，人们唱起新的颂歌

在狐狸和狮子面前起舞

以利亚撒·本－以利亚撒和西门·巴尔－奥吉拉来了

约哈南从哈拉夫堆来了

一批批奋锐党成员，腰带上佩戴短剑，来到这里

向圣殿山的英雄们致敬

约哈南·本－撒该手持律法，抵达耶路撒冷

一旁侍应的天使献上赞词

至圣者——感谢主——朗声笑道：啊！

我的儿子，我的英雄

我注定的牺牲，我的牧师和利未人！

我该为你们做些什么，来到圣殿山的儿子们？

至圣者——感谢主——亲吻着这些英雄

点燃了永恒之火

以色列国防军期刊（参见第173-175页）

第 173 页图：

文章（左）

今天下达给以色列国防军的命令

下达给国防军陆军、空军、海军和后方战士的命令：

遭受了很长时间的暗杀、破坏和对平民居住点的炮击，国防军开始严厉打击恐怖分子，摧毁其黎巴嫩基地。

这次行动的目标是将放冷枪和发射火箭弹的恐怖分子赶出平民区。

和其他享受和平与安宁的民族一样，在以色列地平静、安全地生活是我们的权利。我们将与任何阴谋破坏我们安定生活的人斗争到底。

这场战争并非针对叙利亚。我们希望这场战争不会破坏和影响黎巴嫩平民的生活。他们并不支持恐怖分子。

国防军的战士们对这场战争满怀信心。战士们很熟悉敌人控制地区的行为习惯。

这一次，人们关注的焦点是为以色列地所有民众和散居世界各地的所有犹太人（他们也是受迫害对象）而战的国防军战士们。

我们必须完成这一使命。回到祖国时，我们会比出发时更加强大。安宁与安全将重新回归北方犹太人定居点。

拉斐尔·埃坦，陆军中将
总参谋部参谋长

照片说明文字（右）：

进攻前的空中轰炸和地对地、海对地炮轰之后，就是地面战斗。该伞兵部队上场了。一名士兵肩上扛着一个弹药箱，等在路边，准备向前冲　迈克尔·查法迪（Michael Tsarfati）

照片说明文字（底）：

炮火平息，肃清残敌的任务结束后，部队沿着黎巴嫩海岸公路前进　迈克尔·查法迪

第 174 页图：

照片说明文字：手边放着装备，战士们在倾听长官行动前的最后一次指示。在战斗打响的第

一天，伞兵部队登上一辆海军登陆车

文章：

波佛特（Beaufort）的大火着了一整天

最初几天的大规模冲锋就像是连续的幻象。

至少，战士们的一件装备是多余的：从天黑后进攻信号发出的那一刻，就没有人需要手表了。波佛特必须拿下来，必须在明天天黑之前拿下来。

设备维修官是老兵威利（Willi）。他将耳朵紧贴在收音机上。比较是不可避免的：那些九年前就脱了校服穿上军装的老兵不禁想起 1973 年的赎罪日战争（Yom Kippur War）中占领赫尔蒙山（Mount Hermon）的经历。

当年，后方得知前线的我军即将占领赫尔蒙山，是因为远远地看到了那里出现的火光。赫尔蒙山一侧的大火着了一整天。波佛特的大火整整燃烧了一天。波佛特虽然燃起大火，但连续几个钟头不断倾泻的炮弹并没有让它屈服。

波佛特的大火整整着了一天。夜幕降临，战士们开始向山上发起冲锋。中将 Y 将耳朵紧贴在收音机上，紧张而热切地倾听有关前方战事的报告。收音机里说，前线指挥官受伤了，被抬了下来。Y 虽然表面没有什么举动，但心里肯定浮想联翩，在做另一番对比：当年攻占赫尔蒙山时，也有一名军官受伤。那名军官是阿米尔·德罗里（Amir Drori）。他现在正是北路军的总司令。当年，正是 Y 给他包扎伤口并将他抬下火线。

不过，只有在武器被放回供紧急使用的存放处或连队，战士们第一次集中汇报战场情况，并交流了彼此的经历之后，我们才能清楚地了解当时的战场情况。今天，在那些缴获了大量武器的阵地周围被摧毁的碉堡里，已经看不到我军战士。曾经，整整一个晚上，他们一直在墙上、掩体里、坑道里、隐蔽的房间里与敌人彻夜苦战。战斗结束后，他们在这个充满敌意的城堡顶上升起了自己的旗子。他们从城堡的斜坡上下来，继续往前冲。

从城堡向下一个目标挺进的途中，他们已经从收音机里的战事新闻中，听到了一些风声，说是那天一大早，国家总理就已经到了前线。

那个星期的前几天，部队迅速向前推进。虽然指挥部另外指定了负责占领波佛特的部队，部署了进攻奈拜提耶（Nabatiyeh）和提尔的连队，然而战场形势变化很快，他们继续向前挺进，前进的通路打开了。

我们隶属的那个部队穿过阿基亚桥（Akiya Bridge），走过了好几个村庄。大多数村庄的守军已经投降。部队加快了攻势。他们身后是满载给养的运输车辆，为部队输送水、弹药、燃料、食物。再后来，在俯视西顿港（Sidon）的那座山上，队伍停下来，等待西顿城里的战斗平息。

那天上午，联合国驻黎巴嫩临时部队（UNIFIL）仍然驻守着那条道路以南的驻地。路上仍有一些联合国的车辆来往，车上主要是法国士兵。他们境地很尴尬，经常被媒体嘲笑和贬损。上级给了他们明确的指示。后来，人们得知，上级指示是：不要干预，只需提交报告即可。

第二天下午，我们待在一个名叫"安多利"（Andoria）的小村子里。村子就在那条向西延伸的公路边上。那天就像是自动洗衣机出现之前基布兹的洗衣日——床单、桌布、毛巾、地板布挂在所有窗户上、篱笆上和门上。白色，看上去满眼的白色。

从表面上看，令人兴奋的军事进展是，这个村庄的守军也没有抵抗就投降了。不过，也有一些场面让人心有不忍。在仅几千米之外的苏尔村（Kafr Sir），情形截然不同。几个村民给战士们送来水。孩子们向他们伸出两个手指头，做出胜利的手势。他们是不是向所有在那些低矮房子中间穿行的士兵都要做这种手势？他们有的说着流利的阿拉伯语和结结巴巴的英语，有的说着结结巴巴的阿拉伯语和英语。不过，重要的是——他们的脸上挂着笑容。

以色列国防军（IDF）战士们疲惫不堪，满面尘土，精神紧张，不过他们一直保持笑容——为的是安抚对方，缓解紧张氛围。

到处是孩子和老人，但是很少看到年轻男子，也许这不是偶然的。这个地方属于第一天前恐怖分子控制的核心地区。从一个村庄到另一个村庄的狭窄蜿蜒的大路上，以及这些村子里，可以看到很多被碾压过或撞毁的小轿车——说明曾有坦克从这里经过。坦克部队的指挥官用道歉的口吻说："夜里打仗，没有其他路可走。"类似的命运降临到一辆租来的挂着以色列车牌的沃尔沃轿车身上。几个外国记者刚从那辆车上下来，想要拍几张照片，几辆坦克恰巧这时候来到。坦克没法绕过那辆轿车，也不允许停下来。那几个外国记者站在几米开外的地方，大张着嘴，眼睁睁地看着那辆沃尔沃轿车就这样消失在他们面前。

除了被碾压的轿车，前线的这个地方几乎看不到战争的痕迹。绝大多数房子没有受损。看来敌人的数量不多，他们选择了逃跑而不是坚守。

不过，这趟采访之行让我们印象最深的不是坦克，也不是路上的运输车和村民，而是尘土——动辄漫天飞扬的尘土，不断落在坦克的履带上、汽车的轮子上。现在，24小时内经过那些狭窄道路的车辆比平时一年的数量还多——坦克、装甲运兵车、给养运输车、疏散车辆，还不时有挤满新闻记者的一辆辆轿车来到这里，还有更多的坦克、装甲运兵车，以及运输车、救护车。毫无疑问，我们还看到了军力强大的以色列国防军。这是一支兵种齐全，力量超强的军队。如果这支军队不是我方的队伍，而是敌方的队伍，我会非常害怕。

在我们左侧的山那边，在西南方向，是炮兵连。我们听不到大炮的轰鸣声，可能是因为身边路上往来车辆的嘈杂声。后来，听说炮兵连的炮弹曾经从我们头顶上飞过，打击西顿方向的军事目标；还听说，还有一些炮弹避开我们，从北方打击提尔。

偶尔，路上会出现某些幻象。一辆黎巴嫩救护车，响着报警器，在路上疾驰。车上插着的四面白色旗子在风中飘动。它飞速向前，想要抢在国防军队伍的前头。也许救护车里是几个仓皇逃命的恐怖分子。没有人认真去阻拦他们。在一个叫达沃（Da'ur）村的废弃加油站附近，有一个孤零零的迫击炮掩体，一个恐怖分子的尸体四肢摊着，横在那里。一个腿部受伤的黎巴嫩女人一瘸一拐地走在路边，想找一个能听懂她的话的人。后来，她找到了。在她遇到的第一辆车（那辆车侧面的圆圈里是一个红色大卫王盾牌图案）的阴凉下，一辆救护车上的医生给她做了急救处理。

在一个很小的十字路口，一条狭窄的小路向北延伸。一个身穿灰色西装的男子手里提着一个公文包，行色匆匆。几个士兵上前盘查。那人只

会讲阿拉伯语。士兵们请旁边路过的一个"懂阿拉伯语的人"当翻译。"你要去哪里？"那人问穿灰色西装的人。对方说"开罗"。"去哪里？""跟你说了，去开罗。"

那人拿出了一个有效的埃及护照。看来，他是来附近一个村子探亲访友的。他大约一个星期或10天前来到这里，被一场和他没有任何关系的战争困住了。他解释说，现在他别无选择，必须离开这里。去哪里？贝鲁特。到了贝鲁特，他可以坐飞机回家。"现在正在打仗，贝鲁特远得很。"士兵们说。他摇了摇头："我不着急。"

士兵们看着他消失在远处。那个身穿灰色西装的人要去贝鲁特——步行去。

第175页上图：

军营风采

黎巴嫩的战斗：第一批报道

《以色列军人报》；第36期；5742年9月18日；1982年6月9日；价格：11谢克尔

照片说明文字：在提尔的郊区，士兵在建筑物林立的街道上向前冲

第175页下图：

照片说明文字：一队装甲运兵车穿过一个黎巴嫩村庄米奇·布雷斯

该页底部的标题文字：

加利利的和平

"军营风采"团队将报道以色列国防军在黎巴嫩境内行动的最初100个小时

索引

参考书目

Martin Gilbert, Israel: A History. London, Doubleday, 1998 (revised and enlarged edition, 2008)

Martin Gilbert, Atlas of the Arab-Israeli Conflict. London, Routledge, ninth edition, 2008

Shlomo Ben-Ami, Scars of War, Wounds of Peace: The Israeli-Arab Tragedy. London, Weidenfeld and Nicolson, 2005

Michael Bar-Zohar, Ben-Gurion. London, Weidenfeld and Nicolson, 1978

David Ben-Gurion, Israel: A Personal History. New York, New English Library, 1972

Chaim Herzog, The Arab-Israel Wars: War and Peace on the Middle East. London, Arms and Armour Press, 1982

Golda Meir, My Life. London, Futura, 1976

Michael B. Oren, Six Days of War: June 1967 and the Making of the Modern Middle East. New York, Presidio Press, 2003

Abraham Rabinovich, The Yom Kippur War: The Epic Encounter that Transformed the Middle East. New York, Schocken, 2004

Chaim Weizmann, Trial and Error: An Autobiography. New York, Harper, 1949

图片出处

The publishers would like to thank the following sources for their kind permission to reproduce the pictures in the book.

Key: t = top, b = bottom, l = left, r = right and c = centre

AKG-Images: 9br, 23, 36t

Alamy: Israel Images: 91t

Amira Stern, Director of Archives, Masha Zolotarevsky, Archivist, Ira Berdan, Archivist and The Jabotinsky Institute in Israel, Tel Aviv: 82

Author Collection: 16b, 19, 24t, 26b, 32b, 33t, 40l, 44t, 45br, 50b, 74l, 74r, 79b, 81b, 89, 93t, 98b, 105c, 110b, 114t, 115t, 115c, 119-121, 122, 123t, 123t, 123br, 125, 126c, 127t, 127b, 128l, 129b, 130b, 139b

Dina & Yosef Beilin: 124

Beth Hatefutsoth, The Nahum Goldmann Museum of the Jewish Diaspora, Tel Aviv: 6

The Central Intelligence Agency: 114b

The Central Zionist Archives, Jerusalem: 8t, 9l, 10-13, 14t, 17b, 29, 33b, 37b, 38b, 39, 48c, 48b, 49t, 49b, 52-53, 54b, 55, 60, 62-63, 72bl, 82, 84-85, 110t, 123c, 123bl

Getty Images: 72br, 135t, 136, 137b, 138t, 139t, 142b, 149c, 150t, 155b; /AFP: 56b; /AS400 DB: 64b; /Patrick Baz/AFP: 135b; / Bettmann: 4, 5, 14b, 26t, 30b, 38tr, 41t, 43t, 64t, 67b, 72t, 86t, 86b, 87t, 87b, 93b, 98t, 99b, 126b; /Andre Brutman/AFP: 141b; /Fritz Cohen/ GPO: 44b; /Henry Guttmann: 7b; /Yael Bar Hillel/IDF: 154b; /

Hulton Archive: 18r, 32t, 92, 96b, 97; /Menahem Kahana/AFP: 149b, 154t; /Keystone: 80t, 81t; /Marco Di Lauro: 148l; /Wally McNamee/ CORBIS: 127tr; /Sven Nackstrand/ AFP: 137t; /Jan Pitman/Bongarts: 153t; /Cesar Rangel/AFP: 153b; / Time Life Pictures/Mansell/The LIFE Picture Collection: 7t; /Vittoriano Rastelli 99t ;/George Rinhart: 34t; /David Rubinger: 90, 105t, 110t, 112b, 113, 134c; /James L. Stanfield/National Geographic: 135c; /STR/AFP: 96t

Paul Goldman/Photo Art Israel: 54t, 78, 79t, 88t

The Hannah Senesh Legacy Foundation: 50t

Courtesy of Hebrew University of Jerusalem: 35b

IDF and Defense Establishment Archives: 75-77, 100-101, 106-107, 114c, 118, 132, 133

Imperial War Museums, London: 28, 27b (Q 12672), 57 (E 31975)

Israel Ministry of Foreign Affairs: 70b

The Israel State Archives: 68-70t, 94-95

Israelimages: 8b, 16t

Jerusalem Post Picture Collection: 105b, 144-145

Jewish Agency for Israel: 67br

Jewish Post Picture Collection: 67t

Kayemat Archive: 30t

Library of Congress, Washington: 9t, 18l, 27t, 27c, 34bl, 34br, 56t, 112t,

Dani Machlis, Courtesy of Hebrew University of Jerusalem: 35tr

NARA: 84tl

Orit Weinberg and The Paratroop Heritage Collection, Jerusalem: 108-109

Michael Philippot: 130t

NASA: 152b

Private Collection: 6r, 35tl, 37bl, 77b

REX/Shutterstock: 37t; /AP: 111c, 111b, 115b, 140, 141tm, 143t, 143b, 150t

Shutterstock: 138b, 142t, 148r, 149t, 150c, 152t, 155t

The State of Israel, National Photo Collection: 17t, 20-21, 36b, 38tl, 40r, 41b, 42c, 42b. 45t, 45b, 46t, 46b, 47tl , 47tr, 80b, 88b, 91b, 134b,

Topfoto: 128r

The Truman Library: 58-59

United States Holocaust Memorial Museum: 51

Widener Library, Cambridge: 24b

Yitzhak Rabin Center, Ramat Aviv: 146-147

Every effort has been made to acknowledge correctly and contact the source and/or copyright holder of each picture, and Carlton Books apologizes for any unintentional errors or omissions, which will be corrected in future editions of this book.

致　谢

　　非常感谢为这本书的问世作出重要贡献的卡尔顿出版社（Carlton Books）所有同仁，尤其要感谢皮尔斯·默里·希尔（Piers Murray Hill）、瓦妮莎·多布尼（Vanessa Daubney）、史蒂夫·贝汉（Steve Behan）、拉塞尔·波特（Russell Porter）。另外，我还要感谢塔菲·萨姆森（Taffy Sassoon），帮助我查找书中照片、重要历史人物事件的记述存在于以色列的地点；感谢伊妮德·沃特曼（Enid Wurtman）从耶路撒冷给我回答问题；感谢米里特·珀兹南斯基（Mirit Poznansky）在参考书目方面提供帮助；感谢凯·汤普森（Kay Thomson）为本书写作提供指导；感谢我的妻子埃丝特（Esther）。她与我分享竭力用生动、富于变化的笔触讲述以色列故事带来的兴奋。

　　关于这本书，埃丝特·吉尔伯特还要感谢卡尔顿出版社的安娜·达克（Anna Darke）、凯蒂·巴克森代尔（Katie Baxendale）、史蒂夫·贝汉；感谢萨洛蒙·伊斯雷尔（Salomon Israel）提供翻译方面的帮助；感谢米歇尔·克莱恩（Michelle Klein）、施莎娜·伊斯雷尔（Shoshana Israel）在图片和档案工作方面提供的支持；感谢马丁爵士办公室的埃拉·戈特瓦尔德（Ela Gottwald）、埃斯特尔·博茨曼（Estelle Botsman）。

THE STORY
OF ISRAEL

From Theodor Herzl
to the Dream for Peace

Martin Gilbert

GRAVITARE 碎引方